آبگینے

(شعری مجموعہ)

مرتب:

حسن فرخ

© Hasan Farrukh
Aabgeene *(Poetry Collection)*
by: Hasan Farrukh
Edition: April '2024
Publisher :
Taemeer Publications LLC (Michigan, USA / Hyderabad, India)

ISBN 978-93-5872-084-6

مصنف یا ناشر کی پیشگی اجازت کے بغیر اس کتاب کا کوئی بھی حصہ کسی بھی شکل میں بشمول ویب سائٹ پر اَپ لوڈنگ کے لیے استعمال نہ کیا جائے۔ نیز اس کتاب پر کسی بھی قسم کے تنازع کو نمٹانے کا اختیار صرف حیدرآباد (تلنگانہ) کی عدلیہ کو ہوگا۔

© حسن فرخ

کتاب	:	**آبگینے** (شعری مجموعہ)
مصنف	:	**حسن فرخ**
کتابت	:	سلام خوشنویس
بہ تعاون	:	ادارہ مصنفینِ نَو، اعظم پورہ، حیدرآباد، انڈیا۔
صنف	:	شاعری
ناشر	:	تعمیر پبلی کیشنز (حیدرآباد، انڈیا)
سالِ اشاعت	:	۲۰۲۴ء
صفحات	:	۱۰۲
سرورق ڈیزائن	:	تعمیر ویب ڈیزائن

فنکار

پرکاش فکری

غیاث متین

ممتاز راشد

اکمل حیدرآبادی

مسعود عابد

قمر اقبال

حسن عرفی

علی اصغر

نورالزماں

روشن خیال

محمد علی ذکی

حمید شاد

انور پانی پتی

"نیا کارواں" کے بعد....

"ادارۂ مصنفینِ نو" کی پہلی پیش کش "نیا کارواں" کی اشاعت نے (جسے وقار خلیلی نے ۱۹۷۳ء میں مرتب کیا تھا) اُردو اَدب میں کوئی انقلاب برپا کیا ہو اور نہ شاید ہی نئی تاریخ مدون کی ہو، لیکن کوآپریٹیو اساس پر کتابیں شایع کرنے کے اس سلسلے نے مصنفوں کو ناشروں کے چنگل سے نکلنے کا ایک راستہ ضرور دکھایا ہے۔ اُردو زبان کے اس پہلے منفرد تجربے نے جہاں کئی اُبھرتے ہوئے افسانہ نگاروں کو متعارف کیا وہیں کتابوں کی نکاسی کے منظم طریقہ کار کے ذریعہ اس کتاب کی کاپیوں کو محض الماریوں کی زینت بننے سے بچایا بلکہ عوام تک انھیں پہنچایا بھی۔ دراصل آج کے حالات میں کوآپریٹیو تحریک ہی اُردو کتابوں کی اشاعت کے مسئلہ کا واحد حل ہے، لیکن اس کی طویل طویل دفتریت غالباً اس کے رائج ہونے میں رکاوٹ بنی رہی۔ اسی لیئے ادارۂ مصنفینِ نو نے ان اُصولوں میں مناسب تبدیلیاں کرکے اسے عمل کے قابل بنایا اور بہت ہی معمولی پیمانے پر کتاب کی اشاعت کے باوجود اس حد تک کامیابی حاصل کی کہ ہندوستان بھر سے اس طرز کی کتابوں کے شایع ہونے کی اطلاعیں مل رہی ہیں۔ اس ہمہ گیر کامیابی کا ہی نتیجہ ہے کہ "آبگینے" میں ہندوستان کے مختلف حصوں کے شعرا نے حصّہ لیا ہے۔ سبھی مقامی اخبارات و رسائل نے اس سلسلے کے ساتھ بھرپور تعاون کیا اور بعض انجمنوں نے تو اعزازی جلسے بھی کیے جس سے اس بات کا اظہار ہوتا ہے کہ ٹھوس کام کی قدر لوگ تمام گروپ بندیوں سے بالاتر ہوکر کرتے ہیں۔

یہ ہندوستان کا واحد ادارہ ہے جس کے نہ کوئی عہدیدار ہیں نہ جس کی باضابطہ کچھ حیثیت ہی ہے، البتہ کوآپریٹیو اساس پر کتابوں کی مستقل اشاعت کا انتظام اس کا واحد مقصد ہے۔

یوں تو "نیا کارواں" پر شایع شدہ تبصروں میں اس مخلصانہ کوشش کی عام طور پر ستائش ہی کی گئی تھی لیکن حیدرآباد کے ایک ممتاز ادبی رسالے میں شایع ہونے والے ایک تبصرے کا ذکر یہاں بے محل نہ ہوگا جس میں اس سلسلے کی مذمت رشک و رقابت کے لہجے میں کی گئی تھی حالانکہ اسی تبصرہ نگار نے کچھ ہی روز پیشتر ایک دوسرے رسالے میں اسے بہت سراہا تھا۔ اچانک ان کے خیالات میں تبدیلی کی وجہ صرف یہی تھی کہ ان کی اپنی کوآپریٹیو سوسائٹی نامعلوم وجوہات کی بنا پر تشکیل نہ پاسکی لیکن اگر وہ سنجیدگی سے اس سلسلہ پر تنقید کرنا چاہتے تھے تو کم از کم ان کا لب و لہجہ مہذبانہ اور شائستہ ہونا چاہیئے تھا۔ اپنے تبصرے میں انھوں نے مجموعی حیثیت سے نئے ادیبوں کی صلاحیتوں کا رونا روتے ہوئے لکھا ہے۔" رسائل میں میٹر کی کمی کے باعث اپنی مقبولیت کا سکہ جمانے اکثر مدیران نئے لکھنے والوں کی بیجا ہمت افزائی کر رہے ہیں جس کی وجہ سے نئے لکھنے والوں کی ذہنی صحت متاثر ہو رہی ہے.... انھیں وجوہات کے باعث تیسرے اور چوتھے درجہ کی تخلیقات شایع ہو رہی ہیں۔
ان کی اطلاع کے لیئے عرض ہے کہ افسانوں، غزلوں، نظموں کا انتخاب مدیران اپنی مرعوب ذہنیت کے باعث معیار کی بجائے نام کے لحاظ سے کرتے ہیں جس کا نتیجہ یہ ہے کہ نامور ادیبوں کی تیسرے اور چوتھے درجے کی تخلیقات تو شایع ہو جاتی ہیں مگر نئے لکھنے والوں کی تخلیقات پر نظر کرم بھی نہیں پڑتی۔ نئے لکھنے والے نہ ہی پرانے ادیبوں کے مخالف ہیں اور نہ ہی اپنے لیئے کسی قسم کی رعایت کے طالب۔ وہ تو صرف مکمل انصاف اور کسی حد تک ہمت افزائی چاہتے ہیں۔ وہ تو اس بات کے قائل ہیں کہ ان کا کلاسیکل ادب کے مطالعے سے دور رہنا اسی قدر قابل اعتراض ہے جس قدر بڑے ادیبوں کا ان کی تخلیقات پڑھنے سے پرہیز کرنا۔

یہاں "آبگینے" میں شامل فن کاروں کی تخلیقات کا جائزہ نہیں لیا جا رہا ہے البتہ اتنا ضرور کہا جا سکتا ہے کہ اس میں سے بیشتر تخلیقات اس قابل ہیں کہ ہر صاحب ذوق سے داد حاصل کرلیں۔ اس کے علاوہ اس مجموعے میں شامل بعض فنکار یقیناً ایسے ہیں جو دھیرے دھیرے ہی سہی لیکن بڑی مستقل مزاجی سے اس جمود کو توڑ رہے ہیں جو اردو ادب میں کم اور نقادوں کے ذہنوں میں زیادہ ہے۔

حسن فرخ

پرکاش فکری

معرفت: ڈبلیو۔ ایچ۔ انصاری
چرچ روڈ، رانچی (بہار)

○

ٹوٹی پھوٹی کھڑکی کے اِن میلے میلے شیشوں سے
ایک سا منظر روز ہی دیکھوں جانے کتنے برسوں سے
ایک بہت ہی سندر لڑکی کوٹھے سے کل کود گئی !
دِل پہ جیسے تیر لگا ' جب بات سُنی یہ لوگوں سے
تنہا ہو کر رات کو اکثر میں نے یہ محسوس کیا
پیہم اِک آواز بلائے دُور کہیں اندھیاروں سے
پھولوں پہ غم ناک نمی ہے کلیاں بھیگی بھیگی ہیں
برسی شبنم آنسو بن کر رات کی کالی پلکوں سے
کتنے اچھے چہرے پہ یہ غم کا پرتو کیسا ہے
کس کا دُکھ اپنایا تم نے پوچھو تو ان آنکھوں سے
کس کے لمس کا جادو ہے یہ کون یہاں سے گزرا ہے
قدسے چمکے ہیرے بن کر کس کے چنچل قدموں سے
آئی ہے برسات جو فکری بادل روز برستے ہیں
قدموں کے سب نقش مٹے ہیں آڑے ترچھے رستوں سے

▲

○

نیند سے تھوڑی فرصت لے لے مُجھ کو حاجت تیری ہے
غم کی یہ تاریک بھنور سی رات بہت ہی لمبی ہے
شام کی سانسیں رُکتی کیوں ہیں ہر شئے ٹھہری ٹھہری ہے
پیڑ کی شاخیں گُم سُم سی ہیں ندّی ریت پہ لیٹی ہے
پیلے پیلے پھول کی پتّی دامن میں بھر جاتی ہے
یاس کے سونے بَن میں جب جب یاد کی آندھی چلتی ہے
دل کو پیہم وَہم ہوا کہ آیا ہے تُو ملنے کو۔!
تیز ہوا کی زد میں آ کر جب بھی کُنڈی چیخی ہے
سُنتے ہیں وہ تنہا بیٹھا اَشک بہاتا رہتا ہے
آؤ چلو نا! اس کے گھر تک دیکھیں حالت کیسی ہے
ننھی یہ رنگین سی چڑیا آفت سے بیگانہ ہے
لیکن اس کی تاک میں بیٹھی بھوری سی اِک بلّی ہے
جانے کون ہے بچھڑا کس سے جانے کس کو کون ملا
رات کے دل میں سوز جگاتی ریل کی سیٹی بجتی ہے
رنگیں پَردوں والے گھر میں چُپ کی سی ہے اب باڑ لگی
کہتے ہیں سسرال کی زینت گوری سی وہ لڑکی ہے
سڑکوں پہ آوارہ گھومو دیکھو کیا کیا نقشے ہیں
فکری آؤ گھر سے نکلو دھوپ بڑی ہی پیاری ہے

○

بہتے آنسو بھیگا دامن، میری رام کہانی ہے
دنیا سے جی اوب گیا ہے، جنگل کی اب ٹھانی ہے

دھیما دھیما لہجہ میرا، سیدھی سادی باتیں ہیں
کون سنے گا میرا قصہ، دنیا رنگ دِوانی ہے

جاتی گھڑیاں لوٹ نہ پائیں، تو بھی ان کا مول سمجھ
ہرنی جیسی آنکھوں والی، چھایا روپ جوانی ہے

حال، پتہ، میں پوچھوں کس سے، اجنبیوں کی بستی ہے
سانجھ ہوئی اور سورج ڈوبا، راہ تری انجانی ہے

دکھ کا ساگر بے حد گہرا، سکھ کے موتی کم کم ہیں
ہر جا اس کا رونا پایا، خاک جہاں کی چھانی ہے

میلے و جگ ہے، خالی خالی چہرے پھیکے پھیکے ہیں
عمر کا دریا اترا اترا، چھائی اب ویرانی ہے

مندر دوارے جب سے دیکھا فکری کو کشکول لیے
گاہے اس نے روپ یہ دھارا سب کو یہ حیرانی ہے

▲

○

آج موسم ہے بھلا، لوگ گھروں سے نکلے
شوخ رنگوں سے سجے چاند سے چہرے نکلے

تیری تصویر ملی، آج پرانے خط بھی
کتنے جاں سوز، گئی یاد کے لمحے نکلے

کتنا آرام ہے تم کو یہاں سونے والو
شہر آباد سے اچھے یہ خرابے نکلے

یہ گلی چپ سی ہوئی شام کے آتے آتے
ہر صدا کھو سی گئی، لوگ تو سارے نکلے

جب بھی دیکھا انھیں ہنستا ہوا پایا ہم نے
رنگ آنکھوں کے تری، یار انوکھے نکلے

شاخِ ویراں کو ترا لمس ملا ہے شاید
رُت ہے پت جھڑ کی مگر ریشمی پتے نکلے

منتظر ہم ہیں بڑی دیر سے تنہا فکری!
اس سے کہنا کہ ذرا آج سویرے نکلے

▲

ان بہاروں کی حسیں رات میں اُڑتی خوشبو
دِل کو مدہوش بناتی ہے بکھرتی خوشبو

صحنِ گلشن میں دمِ صبحِ صبا جو گزری
ہر کلی چونک اُٹھی آنکھ ہے ملتی خوشبو

دُور جنگل میں کوئی پھول ہو جیسے تنہا
غم کے صحراؤں میں ہے یاد کی ہنستی خوشبو

میرا دامن ہے تہی درد کی لہریں بھی نہیں
مُڑ کے دیکھے نہ مجھے ناز سے چلتی خوشبو

پھولوں کی آب و تاب پہ حسرت کی گرد تھی
اس کو نئے لباس میں دیکھا تھا ایک دِن

یُونہی ذرا سی بات پہ رو دیا ہوں اس قدر
جیسے کسی کی موت پہ رویا تھا ایک دِن

آبادیوں کے ہاتھ سے تاراج ہو گیا
جنگل یہاں بہار میں ہنستا تھا ایک دِن

جس کے قریب رات کو جاؤ تو جی ڈرے
زِندگی اُس مکان میں رہتا تھا ایک دِن

○

اِتنی صدا میں دیکھو جی ہے خموش ایسا
پُرشور پانیوں میں ویران اِک جزیرہ

یخ بستہ زندگی میں آتی ہے یاد اُس کی
جاڑے کی دُھوپ جیسا جو مہرباں کبھی تھا

اس کے ستم کا شکوہ کب تک کروگے لوگو!
اِس آسماں میں کیا ہے گنبد ہے بس ہوا کا

پھُولوں کے ہونٹ فکریؔ چُومیں گے پاؤں تیرے
گرچہ ابھی چُبھا ہے ناکامیوں کا کانٹا

▲

○

اُڑتی رہی جو راکھ اندھیرے کی ہر طرف
اُتری کبھی نہ بھُول کے اِس دِل میں چاندنی

شیشے میں خود کو دیکھ کے یہ سوچتا رہا
ایسا ہوا ہے حال تو اچھی ہے خودکشی

پھُولوں کی سرد لاش پہ رکھو نہ یُوں قدم
سوچو کبھی بہار کی ان میں بھی آگ تھی

فکریؔ فضائے دہر سے تو لاکھ ہو غمیں
لیکن کبھی نہ چھوڑنا لہجے کی سادگی

▲

○

رات کتنی ہے ستاروں کی ضیا سے پوچھیں
ہم بھی ابھریں گے کبھی سیلِ بلا سے پوچھیں
دشتِ ویراں میں جو آتی ہے بہاریں خوشبو
پھول کھلتے ہیں کہاں یہ تو ہوا سے پوچھیں
ہم تو روتے ہیں کہ تسکین کی منزل نہ ملی
یہ ہے دل گیر سی کیوں آج فضا سے پوچھیں
اپنے جیتے میں بہاروں کا کوئی پھول بھی ہے
مسکراتے ہوئے موسم کی ادا سے پوچھیں
اس کے کوچے میں جو بیٹھی تو، ہلا کیا اس کو
دل سے نکلی ہوئی بے تاب صدا سے پوچھیں
فیضِ باراں سے کبھی ہم بھی شناسا ہوں گے
تشنہ لب ہو تو چلو، چل کے گھٹا سے پوچھیں
آہ بھی اپنی اُنھیں اب تو گراں ہے فکری
ضبط کی حد ہے کہاں ان کی جفا سے پوچھیں

غیاث متین

۲۲۵ ۔ ۸ ۔ ۱۶
۲لاڈیرا ۔ حیدرآباد ۔ ۳۶

صدائے جرس

یہ جگ تو کارگہِ دردہے یہاں ہمدم
ہر ایک سانس ہے شعلہ ہر ایک آہ دھواں
ہر ایک آنکھ میں آنسو، ہر ایک لب پہ فغاں
ہر ایک پاؤں ہے زخمی، ہر ایک دِل ویراں،
نظر اُٹھا کے جدھر دیکھئے اُدھر یُوں تو
ہزار راہ گزاراں، ہزار سنگِ میل
مگر خیال یہ ہوتا ہے ہم اکیلے ہیں
غمِ حیات کی پُر پیچ و تیرہ راہوں میں
بنامِ عیسیٰ دَوراں، بطرزِ چارہ گری
ہزار وقت شعاراں، ہزار اہلِ خرد
چلے ہیں روشنی لے کر مگر اندھیرے ہیں

حیاتِ آدم و حوّا کہاں ملے لوگو!
اِدھر ہے دَیر میں ناقوس کی صدا پیہم
جو کہہ رہی ہے کہ مُکتی ہے نام پُوجا کا
اُدھر حرم میں موذن کی گونجتی ہے صدا

"نماز نیند سے بہتر ہے آخرت کے لیئے"
سبھی کے پاس ہیں مَرنے کے بعد کی باتیں
کوئی نہیں کہ جو سمجھے حیات کی باتیں
کسی کے پاس غمِ آدمی کا پاس نہیں
کسی کے پاس غمِ زیست کا علاج نہیں
مُسافرانِ جُنوں بھی عجیب راہی ہیں
نہ راستوں کا تعین نہ منزلوں کے نشاں
چلے ہیں وقت کے دھارے کو موڑنے دیکھو
نہ زادِ راہ ہے کوئی نہ اور کچھ ساماں
بس ایک اُمید کی دیوی گزیدہ ہے سینوں میں
"شعورِ زیست" لکھا ہے سبھی جبینوں پر
دِلوں میں دیپ ہیں جلتے خلوص و اُلفت کے
جو کہہ رہے ہیں کہ ایسے حیات ہوتی ہے
اُدھر وہ دُور سے آتی ہوئی صدائے جرس
یہ کہہ رہی ہے بشر سے بصد نشاط کہ اب
"سحر قریب ہے دل سے کہو نہ گھبرائے"

▲

زہرِ بخیہ گری

شبوں کا درد و الم نام ہے اندھیروں کا
وہ شام ہی سے مسلط رخِ گلستاں پر
ہر ایک شے نے ہے اُداسی کا پیرہن اوڑھے
سسک رہے ہیں در و بام، کوچہ و بازار
چھنک کے ساتھ ہی تنہائیوں کے دل دھڑکے
چھلک رہی ہے کہیں سے، بصورتِ آتش
مہک رہی ہے فضا خونِ غنچہ و گل سے
چٹک رہی ہے ہر اک شاخ جنبشِ گل سے
زمیں سے ٹوٹ کے گرتے ہیں مہر و ماہ و نجوم
لہو اگلنے لگی ہے ہر ایک راہ گزر
شفق کہاں۔ ہے فلک پر، وہ عکسِ روئے زمیں
دھواں دھواں سی فضا ہے تو راستوں کی نظر
بجھی ہوئی ہے کہ کوئی تو غمگسار آئے
وہ غمگسار جو آئے بھی اور گئے بھی مگر
تمام شمس و قمر، دل شکستہ مہر بہ لب
تمام غنچہ و گل سوگ کے سمندر میں
گھرے ہوئے ہیں تمنائے رنگ و بو لے کر

حضورِ وقت کی بخیہ گری کے کیا کہنے
تمام جیب و گریباں سلے ہوئے ہیں مگر
دلوں کے چاک سے رستا ہے زہرِ بخیہ گری
وہ زہر، جس نے کہ کمھلا دیئے دلوں کے کنول
وہ زہر، جس نے بجھا دی ہیں پیار کی شمعیں
وہ زہر، جس نے اُجاڑی ہے مانگ پھولوں کی
وہ زہر، جس نے بنایا، یتیم غنچوں کو
وہ زہر، جس نے جلایا کلی کلی کا بدن
وہ زہر، جو ہے بنائے نفاق جس کے سبب
برہنہ پا ہے اِدھر زندگی، اُدھر بھی حیات
طلوعِ صبح سے اب تک ہے سرنگوں، تو جبھی
اُدھر جو خاک دبی ہے وہ ہے پشیماں سی
اِدھر جو راکھ بکھیری گئی پریشاں ہے
وہ راکھ ہو کہ یا ہو خاک، کہہ رہی ہے یہی
ستم ہو یا کہ یہ جبر، اگر رہا یہی عالم
ٹھگوں کی جیت بھی ہو گی شکستِ دیدہ و دل
کلی کی ہار اُسے در بدر پھرائے گی!

"سپنوں کا مول"

سپنے بیچ رہا ہوں لے لو
رنگ برنگے سپنے
جو پتھر کو دے دیتے ہیں لعل و گُہر کا رُوپ
جن سے چمکتی ریت دکھائے آبِ رواں کا چہرہ
جو صحرا میں پھول کھلا دیں
جو راتوں کا حُسن نکھاریں صبحِ درخشاں نام رکھیں
جن کے کارن
دُکھ، آزار، گھٹن، زنجیریں، جورِ خزاں
آنسو، خار، چبھن، تدبیریں، چارہ گراں
بن جاتے ہیں
نغمہ، رقص، ترنم، جادو، کاہکشاں
خوشبو، رنگت، سیلِ تبسم، نقشِ جہاں
سپنے بیچ رہا ہوں لے لو
ان سپنوں کا مول ہیں بس
چلتے پھرتے لمحے، تیری ساری پونجی
تیری متاعِ عمرِ رواں !

صَلیبِ نَو

رات کی آدھی عُمر کٹی
سارے کلیسا جاگ اُٹھے
ان کے سروں پر کندہ صلیبیں مُسکائیں
گھنٹوں کی آواز کا جادُو،
جشن، چراغاں، رقص، چھلکتے پیمانے
وقت کا بہتا ساگر جیسے اِک پل کو کچھ رُک سا گیا
اور اس اِک پل
مَیں نے دیکھا
کوئی اپنے دوش پہ لے کر
جلتے لمحوں کی گٹھڑی
آنکھوں میں رقصاں تارے،
مَن میں لیئے جینے کی آشا
کچھ سرگوشی سی کرتا
وہیں چلا ہے
جہاں پہ اس کی عُمر کا پل پل ڈوب گیا

اور اسی کی کوکھ سے اُبھرا
وہ جو ساعتِ نَو کا ثمر
دوش پہ اپنے لیئے ہوئے
اُتنی ہی لمحوں کی گٹھڑی،
سہما سہما ، مُسکاتا ،

جب میں نے اس سے یہ پُوچھا
"جانے والے نے کیا بات کہی تجھ سے"
وہ بولا
وہ کہتا تھا،
"مَیں نے بڑی خوں ریزی دیکھی، دُکھ جھیلے
مَیں نے اپنی عُمر گزاری رو رو کر،
کاش! تُو اپنی عُمر گزارے ہنس ہنس کر،
کاش! تُو ہر سو رنگ اُڑائے خوشیوں کے،
کاش! تُو جگ کے واسطے وہ عیسیٰ بن جائے
جو نہ صَلیبِ نَو پہ چڑھایا جائے کبھی!

▲

کفن

پیرہن ہے کہ لپٹا کفن
پیرہن، نیلے، پیلے، ہرے، کالے، اودے، سبھی
رنگ کے پیرہن
جیسے پانی ہوا
پیرہن جیسے چمپا، چنبیلی، کنول
پیرہنا جیسے شبنم، شفق، چاندنی
پیرہن جیسے سورج کرن
پیرہن جیسے نیلا گگن
آج اتنا تو ہے کہ ہر اک لاش کے جسم پر ہے کفن
کل مگر کوئی "مردہ کفن پھاڑ کے"
جب برہنہ پھرے گا تو پھر
سب اسے دیکھ کر ننگے ہو جائیں گے
کاش ایسا نہ ہو!

شعورِ سفر

یہ راہِ عشق جنونِ مآلِ شیشہ گری
کچھ اتنی سہل نہیں مثلِ آتشِ نمرود
پئے خلیل جو گلزار بن گئی تو چلے
قدم قدم پہ یہاں خارِ غم پئے مرہم
چلو تو مشعلِ رقصاں تمہارے ہاتھ رہے
نگاہِ ہمہ شمہ فطرت بھی ساتھ ساتھ رہے
مزاجِ راہ نورداں ہے آبلہ پائی
خیال اس کا تمہیں اے جنوں صفات رہے

غرورِ سنگ سلامت تو کیا ہزار ہیں سر
وفورِ شوق سلامت تو راستے ہیں بہت
نظر کے دیپ منور تو کیا اندھیرے ہیں
کچھ اور تیز کرو تیشۂ نظر کی ضیا
وہ کوہِ تیرگیٔ شب ہے پئے سحراب تک
وہن دریدہ ہزاروں نہنگِ زرآب تک
مثالِ سنگِ سرِ رہ ہیں چارہ گراب تک

یہ فاصلے ہیں بہت کم جنونِ دل کے لیے
یہ کیا کہ چند قدم چل کے رک گئے ساتھی
فرازِ کوہِ الم اور دو قدم باقی
چلو کہ آج ملیں گے وہ سارے یار ادھر
وہ سارے یار کہ جو باعثِ نکھارِ چمن
وہ سارے یار کہ جن سے بہارِ دار و رسن
وہ سارے یار کہ جن پر نثار ارضِ وطن
وہ راستے جو سرِ دار ہو کے آتے ہیں
انہیں کے پاس ہی آکر تمام ہوتے ہیں
وہیں پہ آج تلک چشمۂ جنوں ہے رواں
ادھر بھی ایک نظر دیکھتے گزر جانا
انھیں کا نام ابھی آب پر لکھا ہوگا
انھیں کے نام سے چاہو تو جی بڑھا لینا

بہار بیچنے آئیں گے پاسبانِ چمن
تم ان کی بات نہ مانو تم ان کا ساتھ نہ دو
وفاشناس، ستم آشنا، الم دیدہ
یہی وہ لوگ ہیں جن سے حیاتِ رخشندہ
رہی تھی، آج تلک بھی ہے، اور رہے گی سدا

انھیں کے ساتھ ہے چلنا انھیں کے ساتھ چلو
سروں پہ اپنی تمناؤں کے لیے لاشے
دلوں میں پھول کھلاتے پئے نگارِ سحر
بڑھو کہ تیرگیٔ شب تمہارے سات ابھی
سحر کا نام ہے باقی وہی ہے رات ابھی! ▲

"اندھیروں کا خدا"

رات کا زہر اُجالوں کے بدن میں ہے ابھی
اب بھی ڈستے ہیں یہ دن شکلِ شبِ مارِ سیہ
آرزوؤں کی سُلگتی ہیں چتائیں ہر سُو
موم بن بن کے پگھلتا ہے ہر اک نقش ابھی
اب بھی ہر سوچ کے ماتھے پہ غلامی کے نشاں
اب بھی کٹتی ہے ہر اک بات پہ پھولوں کی زباں
اب بھی ہر آنکھ کو یہ غم کہ وہ خونابہ فشاں
اب بھی زنداں ہے پئے دل تو سلاسل پئے جاں
شمعیں کچھ ایسی فروزاں ہیں کہ اُٹھتا ہے دھواں
اور ایک ایک کرن سے یہی آتی ہے صدا
ابنِ آدم یہ اندھیروں کا خدا ہے کب تک؟ ▲

ممتاز راشد

تھرڈ فلور ۔ بنگال مینشن
۷۵ ۔ نزریا اسٹریٹ ۔ بمبئی ۔ ۸

O

یہی ہے رسمِ شراب خانہ اسی کو دستورِ عام کہیے
جو داغ چمکے تو چاند کہیے جو زخم چھلکے تو جام کہیے

جنابِ واعظ اگر کبھی آپ شہرِ خوباں کی سمت جائیں
وہاں کی رنگین چلمنوں سے مری نظر کا سلام کہیے

طویل و تیرہ شبوں کی تنہائیوں میں قسمت کی یاوری سے
اگر کوئی غمگسار آئے تو اس کو ماہِ تمام کہیے

حسین ماتھے پہ زلفِ پرخم کی یہ مہکتی ہوئی گھٹائیں
سحر کی پرنور وادیوں میں عروسِ شب کا قیام کہیے

▲

O

سنا ہے اب تک ستم گروں کا ہے سازِ دار و رسن سلامت
ہمیں بھی کیا غم ہمارے نغموں کا ہے اگر بانکپن سلامت

ہزار شعلہ بدست خاروں نے ہر قدم پہ الجھنا چاہا
ترے خیالوں کے پیکروں کے رہے مگر پیرہن سلامت

لبوں پہ مُہریں لگاؤ چاہے مگر اندھیروں کے رہنماؤ
گزر ہی جائے گی رات غم کی نوائے مرغِ چمن سلامت

جبینِ ساقی پہ برہمی ہے ہر اک نظر زہر میں بجھی ہے
ابھی ہیں شاید اس انجمن میں کچھ اور اہلِ کفن سلامت

مرے تصور میں یادِ یاراں کی نرم کلیاں چٹک رہی ہیں
ہے آشنائی فضائے زنداں نسیمِ صبحِ وطن سلامت

▲

○

درد و غم کے کچھ شعلے چند خار یادوں کے
گُل رُخوں کی بستی سے ہم خرید لائے ہیں

ظُلمتِ حوادث میں چاند بن کے اُبھریں گے
وقت کی خلاؤں سے ہم گزر کے آئے ہیں

یُوں مرے تصور میں آپ جلوہ فرما ہیں
جیسے ریگ زاروں پر بادلوں کے سائے ہیں

ہم وہ راہرو ہیں جو زندگی کی راہوں پہ
جس طرف سے گزرے ہیں نقش چھوڑ آئے ہیں

▲

○

ہونٹوں کو سیا ہے تو کبھی اشک پیے ہیں
جیسے بھی ہوا ہجر کے دن کاٹ دیئے ہیں

یہ اشک نہیں آنکھ میں اے ظلمتِ گیتی
پلکوں کی منڈیروں پہ ستاروں کے دیئے ہیں

تلخابۂ تنہائی نے جس جا بھی پکارا
لب تیرے خیالوں کے وہیں چوم لیئے ہیں

آنکھوں میں نمی، دل میں جلن، رُوح میں نشتر
جینا اسے کہتے ہیں تو ہم یُوں بھی جیئے ہیں

ہم بھول گئے کاکل و رُخسار کی باتیں!
کچھ ایسے حسیں زخم زمانے نے دیئے ہیں

▲

جلنے لگے چراغ، سنورنے لگی ہے شام
روشن ہوئے ہیں یاد میں کن مہوشوں کے نام

کلیاں چٹک رہی ہیں دلِ داغ داغ میں
پروردۂ بہار ہے، وہ حُسنِ ناتمام

بڑھتے رہے ہیں یونہی ستم ہائے محتسب
ہوتا رہا ہے یونہی خرابے میں رقصِ جام

جانے کدھر گئے وہ ستاروں کے قافلے
خوابوں کی گرد پا نہ سکی عمرِ تیز گام

یادوں کا غم، ہجومِ ستم، فکرِ روزگار
کس نے ہمیں تباہ کیا، کیا بتائیں نام

موجۂ نکہتِ گل، رنگِ چمن یاد آیا
پھر کسی شاہدِ رعنا کا بدن یاد آیا

پھر مہکنے لگا ہر زخم مرے سینے کا
پھر وہی جانِ چمن غنچہ دہن یاد آیا

"ہائے وہ چاند سے چہرے پہ غلافی آنکھیں"
میرے روٹھے ہوئے خوابوں کا ملن یاد آیا

یوں کھلی چاندنی ویرانۂ تنہائی میں
دل کی معصوم امنگوں کا کفن یاد آیا

پا سکے ہم نہ کہیں بھی غمِ دنیا سے نجات
سایۂ زلف، بہ اندازِ رسن یاد آیا

بے باک نگاہی کے خطا وار ملے ہیں
ہم محوِ نظارہ سرِ بازار ملے ہیں

گر یوسفِ کنعاں بھی ہو بک جائے خوشی سے
ایسے بھی دل و جاں کے خریدار ملے ہیں

یارانِ سبو تم نے سنا ، حضرتِ واعظ!
پھر کوچۂ خوباں میں بہت خوار ملے ہیں

ہر شام صبا لائی کسی زلف کی خوشبو
مہکے ہوئے ہر صبح کے رخسار ملے ہیں

الفاظ کو پتھر کی ترازو میں جو تولیں
اس دور میں کچھ ایسے بھی فنکار ملے ہیں

اب کیا کریں چمکا ہی نہیں دامنِ صحرا
آنکھوں کے سفینے تو گہر بار ملے ہیں

راشد چلو سی لیں حسیں خوابوں کے گریباں
حالات کے بخشے ہوئے کچھ خار ملے ہیں

پھر تصور ان کی جلوہ گاہ تک پہنچا تو ہے
ذہن و دل کی تیرگی میں چاند اک ابھرا تو ہے

سولیوں کے لب سے ہو یا ہو گلوئے دار سے
ہم نے اس کے عشق کا نغمہ مگر گایا تو ہے

ساعتوں کی دھوپ، گھڑیوں کی تپش لمحوں کی آنچ
تیری زلفوں سے بچھڑ کر ہم نے یہ پایا تو ہے

کشتگانِ زندگی کی ، رنگ لائی خامشی
شہر میں ہر سمت اس کے ظلم کا چرچا تو ہے

کھو گئے یادوں کے آہو دشتِ ماہ و سال میں
اب بھی لیکن سنگِ ماضی سے لہو رستا تو ہے

کیا ہوا اگر اس کا پیراہن نہ رنگیں کر سکے
خونِ دل کو صرف کرنے کے لیئے صحرا تو ہے

ہر نفس زہراب، ہر لمحہ بلائے جاں سہی
اے نگارِ زندگی پھر بھی تجھے چاہا تو ہے

○

آنکھ پھر پلکوں پہ اشکوں کے شرر دیکھے ہے
ظلمتِ دہر میں آثارِ سحر دیکھے ہے

تک رہی ہیں مرے اشکوں کو وہ رنگیں نظریں
چشمِ مہتاب ستاروں کا سفر دیکھے ہے

خونِ دل نذر کرد ، سُرخیٔ مے کی خاطر
کیا ہوا اگر وہ بہ اندازِ دگر دیکھے ہے

پھر وہ کھولے ہے بصد ناز کہیں بندِ قبا
موجِ گل اپنی دعاؤں کا اثر دیکھے ہے

کوئی دم اور دل و جاں کی ہے یہ ویرانی
پھول کھل جائیں ہیں وہ یار جدھر دیکھے ہے

▲

○

زُلف مانگے نہ مئے ہوش رُبا مانگے ہے
شوقِ جینے کے لیئے اور فضا مانگے ہے

چہرۂ مہر پہ تاریک گھٹاؤں کا ہجُوم
اِک ذرا جنبشِ دامانِ صَبا مانگے ہے

وہ جفا کیش جو سمجھے نہ وَفا کا مَفہُوم
کیا ستم ہم سے وہ پیمانِ وفا مانگے ہے

صُبح پائے ہے ترے عارضِ سیمیں سے حیا
مشک زُلفوں سے تری موجِ صَبا مانگے ہے

زندگی کاوشِ پیہم سے یُوں مانُوس ہوئی
غم بھی ملے ہے تو اوروں سے سوا مانگے ہے

سرِ شوریدہ کو ہے پھر کسی پتّھر کی تلاش
دستِ لیلائے سحر رنگِ حنا مانگے ہے

▲

○

صحنِ گلستاں چھوڑ آئے ہم، ریت ہے یہ دیوانوں کی
صحرا صحرا دُھوم مچائیں، سیر کریں ویرانوں کی
ہر کھڑکی کی آنکھیں ویراں، ہر دروازہ مُہر بہ لب
دِل میں ہُوک اُٹھی ہے صُورت دیکھ کے بند مکانوں کی
عارضِ گُل کی صُبحیں مہکیں، شامِ غزل پھر کجلائی
شاید سیج کھلی ہے اس کے چہرے کے افسانوں کی
روزِ جزا ہے کیسے اُس تک فردِ ستم ہم پہنچائیں
سب کو اپنی فکر پڑی ہے کون سُنے دِیوانوں کی
خُلدِ بریں کے قصے کیسے، حُور و پری کا ذکر ہی کیا
فکر و نظر کے دَور میں یارو بات کرو انسانوں کی
زخمی خواب، سُلگتی یادیں، کاسہ دِل میں لے آئے
راشد جب بھی اس کی گلی میں بات چلی نذرانوں کی

▲

○

رُکے تو محفلِ خوباں میں حشر برپا ہے
چلے تو انجمنِ دار نے پکارا ہے

اب اور تیرے تغافل کی بات کیا ہوگی
ہر ایک سمت مری بے کسی کا چرچا ہے

کوئی اُمنگ، کوئی ولولہ نہیں باقی
تمہاری آرزو اب شہرِ دل میں تنہا ہے

کسی خیال کے سُورج سے روشنی مانگیں
نگاہ و دل کے اُفق پر بہت اندھیرا ہے

▲

○

پھول سا کومل جسم تھا اس کا چاند سا روشن چہرہ تھا
یاد کریں اور رولیں ہیں، ہم کو اک شخص نے چاہا تھا

زخموں کی دوکان سجا کر، نگری نگری گھومے ہیں
وہ سوداگر نہیں ملا ہم نے دِل جس کو بیچا تھا

ق

گنبدِ بتاں سے اپنی صدا ناکام نہیں واپس لوٹی
ہر کھڑکی میں پھول کھِلے تھے، ہر دروازہ مہکا تھا
خوشبو کے آوارہ بادل ہر زُلف سے اُٹھے تھے
روشنیوں کا رنگیں چشمہ عارضِ گل سے پھوٹا تھا

▲

اکمل حیدرآبادی

ریلوے ورک شاپ
وکٹوریہ گارڈن ۔ بمبئی ۔ ۲۷

سنگِ راہ

سب مجھے روند کے چپ چاپ گزر جاتے ہیں
کس کو احساس مرے غم، مری تنہائی کا
سب ہیں مصروفِ سفر
تیز رو سارے قدم
کس کو فرصت، جو مرے پاس گھڑی بھر ٹھہرے
کس کو توفیق مرے غم کی کہانی سمجھے
کون ہمدرد جو اتنا پوچھے
"کیسا طوفان تھا،
کس زور کی وہ آندھی تھی؟
تم بھری بزم سے کترا کے یہاں کیوں آئے؟
کیوں سرِ راہ پڑے ہو تنہا۔؟"

آنکھ والوں سے بصارت کی توقع ہے فضول
سوچتا ہوں، کوئی نابینا اِدھر سے گزرے
اُس کی لاٹھی ہی سے ٹکراؤں کہ وہ چونک پڑے
اور پھر مجھ کو اُٹھا لے کہ یہ ہے خدمتِ خلق
پھینک دے مجھ کو کہیں دُور چٹانوں کی طرف
یا مجھے پیر سے سرکا کے کنارے کر دے
اور میں کھوئے ہوئے یاروں میں دوبارہ آ جاؤں

ہمسفر

ہم سفر ہو تو کیا
دو گھڑی، دو قدم
ساتھ چل کر بچھڑ جاؤ گے
تنگ پگڈنڈیوں سے گزرتے ہوئے
شاہراہوں کے نزدیک جب آؤ گے
بھیڑ میں کھو کے رہ جاؤ گے

میں مسافر محبت کا لوٹا ہوا
مل کے اِک ایک راہی سے پوچھوں گا یہ
ایک ساتھی ملا تھا مجھے راہ میں
میں نے دے دی متاعِ دل وجاں جسے
تم نے دیکھا اُسے ؟
کیا کہیں راستے میں کسی موڑ پر
کوئی نقشِ کفِ پا ملا تھا تمہیں
کیا وہ نقشِ قدم، اس قدر شوخ تھا ؟
جیسے عکسِ قمر
جیسے قوسِ قزح

مجھ سے راہی کہیں گے کہ ناداں یہاں
صبح سے شام تک
سینکڑوں نقشِ پا، روز اُبھرتے ہیں مٹ جاتے ہیں
اور تیری طرح، ایسے نقشِ قدم، ڈھونڈتے، ڈھونڈتے
کتنے دیوانے دَم توڑتے ہیں یہاں
راہگیروں سے دل نہ لگا بے خبر
راہ کی چند گھڑیوں کے ساتھی ہیں یہ
دو گھڑی، دو قدم
ساتھ چل کر بچھڑ جائیں گے
تنگ پگڈنڈیوں سے گزرتے ہوئے
شاہراہوں کے نزدیک جب آئیں گے
بھیڑ میں کھو کے رہ جائیں گے
جن کو ہے دعوئے جرأتِ عشق وہ
دار پر مسکرائیں تو کچھ بات ہے
دو قدم ساتھ چلنے سے کیا فائدہ
بام تک ساتھ آئیں تو کچھ بات ہے

▲

یاس!

سحر کو میرے دریچے سے جھانکنے والی
زمیں پہ نُور کی خیرات بانٹنے والی
سخی مزاج، وفادار، مہرباں کرنو!
میں تھک چکا ہوں بہت
تمام رات اُجالوں کی آرزُو کر کے
دفورِ غم میں تمہیں آخری صدا دے کر
ابھی ابھی کوئی پل بھر کی بات ہے شاید
بِسک بِسک کے مری حسرتوں نے دَم توڑا
سخی مزاج، وفادار، مہرباں کرنو!
یہ بعدِ مرگِ تمنا خلوص کیا معنیٰ
مجھے تمہاری ضرورت نہیں چلی جاؤ
مجھے سُکون سے رہنے دو اس اندھیرے میں
کہ آرزُوئے سحر میرے دِل کو راس نہیں
چلا تھا گھر سے لیے جُستجوئے شمس و قمر
لُٹا ہوں ایسا کہ پرچھائیاں بھی پاس نہیں

مرے دریچے سے جھانکو نہ مہرباں کرنو!
کہ مجھ کو بَیر ہے پھیلے ہوئے اُجالوں سے
مجھے خود اپنی ہی پرچھائیوں سے نفرت ہے

میرا سہاگ

مُجیب ! آج شبِ وصل ہے مبارک ہو

یہ شبِ بدل ہے تمہاری حسیں دعاؤں کا
یہ شب تمہارے کئی رت جگوں کا حاصل ہے
جو اشک تم نے بہائے تھے چھپ کے خلوت میں
یہ اُن کا دام ہے اُن آنسوؤں کی قیمت ہے

خوشا نصیب کہ تم نامرادِ عشق نہیں
تمہارا دامنِ اُمید ہے تر و تازہ
حسیں خیالوں کی تصویر مل گئی تم کو
تمہارے خوابوں کی تعبیر مل گئی تم کو

مگر مُجیب ! یہیں زندگی تمام نہیں
کہ یہ مقام کوئی آخری مقام نہیں
ہمارے آگے ابھی سیکڑوں مراحل ہیں
یہیں پہ ختم ہمارے تمام کام نہیں

مرا وطن، مرا محبوب گھر، مرا مسکن
دہک رہی ہے جہاں آگ جل رہے ہیں بدن
جھلس رہی ہیں بہاریں، سلگ رہے ہیں چمن
مجھے یہ آگ بجھانی ہے اپنے ہاتھوں سے

مرے وطن کو مرے خون کی ضرورت ہے
مری محبت! نہ روکو مجھے اجازت دو
میں جا رہا ہوں مرے فرضِ اولیں کی طرف
بڑے خلوص سے اب تم مجھے روانہ کرو

"مرا وجود تمہارا سہاگ ہے" لیکن
"مرا سہاگ ہے میرے وطن کی آزادی"
مجھے سہاگ بچانا ہے اپنا خوں دیکر
کہ یہ سہاگ ہے لاکھوں سہاگنوں کا سہاگ

مری محبت! نہ روکو مجھے اجازت دو
مرے وطن کو مرے خون کی ضرورت ہے

▲

سنگم

پل میں بچپن کا یقیں، پل میں جوانی کا گماں
عمر کی چودھویں منزل ہے یا کوئی سنگم

بے ارادہ مری ہر بات پہ 'ہاں' کہہ دینا
یک بیک شرم سے پھر آپ ہی چپ ہو جانا
پاس بیٹھے ہوئے کہنا کہ "زمانہ کیسا ہے"
اور پھر اپنی ہی پرچھائیں سے گھبرا جانا

کاش تا زیست اسی سن میں تجھے دیکھ سکوں!
کاش یہ لمحے ٹھہر جائیں یہیں !!
کاش یہ وقت یہیں رک جائے !!!

گو قید ہیں اور پاؤں میں زنجیر پڑی ہے
سینے میں مگر جذبۂ پرواز وہی ہے

آنکھوں سے لگاتے ہیں اُسے اہلِ تجسّس
جو گرد مرے آبلۂ پا پہ جمی ہے

مت چھیڑ صبا جا کے ابھی لالہ و گُل کو
اِن رات کے جاگوں کی ابھی آنکھ لگی ہے

رونے کی صدا آتی ہے صحرا کی طرف سے
شاید کوئی پھر مرحلۂ کوہ کنی ہے

پھر آج کسی غنچے کی موت آئی ہے شاید
پھر آج بہت شاخِ چمن جھول رہی ہے

کچھ روز میں اب آپ بھی ہو جائیں سبکدوش
دُنیا تو سرِ دست مجھے بھول گئی ہے

روتا ہوں شب و روز مقدر پہ میں اکمل
اس پر بھی یہ شہرہ ہے کہ قسمت کا دھنی ہے

اب کوئی صورتِ تکمیلِ تمنا بھی نہیں
اور بھلا دیں تجھے یہ بات گوارا بھی نہیں

اے غمِ یار نظر لگ گئی شاید تجھ کو
دل کی دھڑکن میں وہ پہلا سا دلاسا بھی نہیں

ہجر کی رات چراغوں میں لہو جلتا ہے
اور اسی رات کی قسمت میں اُجالا بھی نہیں

رات زنجیر ہلانے کی صدا آتی تھی
صبح دیکھا تو کوئی نقشِ کفِ پا بھی نہیں

آج رِس رِس کے ٹپکتا ہے لہو آنکھوں سے
آج کیا غم ہے کوئی پوچھنے والا بھی نہیں

آج زنداں میں پڑے ہیں تو نہیں اس کا الم
غم تو یہ ہے کہ ہمیں تُو نے پکارا بھی نہیں

اب کسی اُمید پہ بیٹھے ہو یہاں اے اکمل
جانے والے نے تو مڑ کر تمہیں دیکھا بھی نہیں

مسعود عابد

۱۲۶ ۔ ۴ ۔ ۱۶
چنچل گوڑہ ۔ حیدرآباد ۔ ۲۴

ڈرایگن

ہزاروں دلوں کی جواں دھڑکنوں کو
لہو کی روانی کو روحوں کی تپتی حرارت کو۔ اپنے
بدن میں سمو کر
چلا تھا سرابوں کی دنیا کے آگے حقیقی جہاں میں
جہاں سونے چاندی کے سکے
حسیں تر ضیا بار چہرے لیے
راہ میں خیر مقدم کی خاطر سبھی منتظر تھے

"زرِ سرخِ خالص کے انبار پر تھا مسلط
سیہ پھن اٹھایا ہوا ناگ غیض و غضب میں
رقیبوں کی طرح مجھے گھور کر اس نے اِکدم
لپکتی ہوئی نین کی سرخ تر برچھیوں کو
دہکتے ہوئے درد کی آنچ دے کر
تپایا ہوا گرم اشکوں کا نیزہ نکالا
ادھر میں نے اس پر
مسلسل کئی وار کر ڈالے آخر
اسے مار ڈالا
تمنا تو تھی یہ چمکتے ہوئے زرد سکے اٹھا کر
ہزاروں غریبوں میں تقسیم کر دوں
مگر اب
مجھے کیوں یہ اہلِ جہاں
ایسا تکتے ہیں جیسا کہ میں
رہی پھن اٹھایا ہوا ناگ بن کر
زرِ سرخِ خالص کے انبار پہ ہوں مسلط

؎ یہ علامت مشہور ٹرندی کہانی سے لی گئی ہے۔

"نیا دَور"

گلیوں گلیوں گھومتے پھرتے
میرا بچپن بیت گیا ہے
اب میں جواں ہوں
دَر دَر بھٹکا کوچہ کوچہ
اَمن کا سائل بن کر پہنچا
ہر اک دَر سے شعلے لپکے
دستِ سوالیں ایسے جُھلسا
دُھوپ کی زَد سے
جیسے کنول کی پنکھڑیاں مُرجھائی ہوئی ہوں
اِک دَر نے کچھ مرہم بخشا
زخم کے بھرنے سے پہلے ہی
کوچہ اِک ایسا بھی آیا
جس کوچے میں ہر گھر اِک ویران کھنڈر تھا
اور سڑک پر
کانچ کی ننھی ننھی کرچیں بکھری ہوئی تھیں
شیش محل کے سارے شیشے ٹوٹ چکے تھے
لیکن اب تو
موڑ پہ اس تاریک گلی کی
اِک دروازہ اور کھُلا ہے
روشن دانوں سے رِس رِس کر
نُور کی دھاریں پھیل رہی ہیں
وائیلن اور پیانو کی دُھن کی
ہلکی لہریں گُونج رہی ہیں
اِس دَر سے اِس دل کی یارو!
کتنی اُمیدیں وابستہ ہیں!!

▲

کتنی بے تاب نگاہوں کے شرر
آرزوؤں کی طرح سہمے ہوئے
کتنے احساس میں تپتے ہوئے تنور بدن
سرد ہیں برف کی صورت کب سے
کتنے چہروں پہ مچلتے ہوئے جذبات کا اک سیلِ رواں
تھم گیا ہے کہ اجنتا کی ہو مورت جیسے
کتنے چہروں پہ ہیں معصوم خیال کے پردے
نقرئی جام میں جیسے کوئی امرت بھر دے
پھول کی طرح کھلا کرتے ہیں لاکھوں چہرے
نسل کے قوم کے انسان کی تادیب کے پھول
دن میں سو بار کھلا کرتے ہیں تہذیب کے پھول
سرمئی، زرد، گلابی ہیں کئی سرخ و سفید
چمپئی ہیں کئی نیلے ہیں کئی دھانی ہیں
اک مصور کے قلم کے ہیں کئی فن پارے

اسٹوڈیو

ثبت پھولوں کے دہن پر ہیں خموشی کی ہزاروں مہریں
سلب ہے قوتِ گویائی بھی
ہر طرف ایک سکوں ایک فسوں طاری ہے
گویا آباد ہے اس ارض پہ فردوسِ بریں
پر جو اک پل کے لیے
نسل کے قوم کے پھولوں کو زباں مل جائے
پھر سے تنور بدن تپنے لگیں
پھر نگاہوں سے شرارے پھوٹیں
پھر سے جذبات کا وہ سیلِ رواں بڑھ جائے
پھر سے اٹھ جائیں خیال کے پردے
اور فردوسِ بریں
ایک جہنم بن جائے ۔

"جلن"

وہ کالج کا شہزادہ تھا
کالج کی سب دوشیزائیں اس کی خاطر مرمٹتی تھیں
پہروں اس کے نام کی مالائیں جپتی تھیں
جس کی خاطر وہ مرتا تھا
تنہائی میں چپکے چپکے ٹھنڈی آہیں بھرتا تھا
وہ تھی شانو
یعنے اِک انجان پہیلی
دن گزرے اور راتیں بیتیں
شہزادے کی سمت نہ پلٹیں شانو کی مخمور نگاہیں
لیکن اِک دن وہ شہزادہ جب کیمسٹری لیب سے نکلا
چہرے پر تیزاب کے قطرے چھالے بن کر پھیل گئے تھے
مسخ ہوئی تھیں چہرے کی خوش رنگ لکیریں
اب وہ کالج کا اِک "جن" تھا
اس کو شانو نے اپنایا، شادی کرلی
اس سے اب وہ کہتی تھی
"مجھ کو اب یہ خوف نہیں ہے، کوئی تم سے پیار کرے گا!" ▲

Chemistry Lab. ؎

"خوابِ رقصاں"

شب کے خوابیدہ مہکتے ہوئے سناٹے میں
خوابِ رقصاں کی طرح پیکرِ سیمیں کا نزول
ذہنِ شاعر کے جھروکوں سے وہ تنویرِ قمر،
جھانکتی ہے لیے آغوش میں تخئیل کے پھول

طفلِ دل خوشنما پھولوں کو کھلونوں کی طرح
اپنے سینے سے لگاتا ہے مچل جاتا ہے
چھیننے پھول اگر یاس کے بھوت آتے ہیں
ہو کے خائف کبھی یکلخت اچھل جاتا ہے

دامِ اوہام بچھائے ہوئے بیٹھے ہیں شکوک
پھانسنا چاہتے ہیں آج عقیدت دل کی
محبسِ رسم و روایات میں محبوس ہے یہ
سلب ہو جاتی ہے جولانی و طاقت دل کی

دفعتاً وقت کے کچھ آہنی دروازوں سے
عزم کے چند مجاہد بھی مدد کی خاطر
لے کے ہمت کی تبر دل کے قریں آتے ہیں
کانپ جاتے ہیں اُدھر مکر و دغا کے شاطر

▲

سونی پائل

دِن کے ہنگاموں پہ تاریک ردا پھیلا کر!
غوطہ زن مہر تھا کہسار کی لہروں سے پرے!
بن گئی سارے پرندوں کی صدا شب کی نقیب
بدر کی شکل میں پھر رات کی رانی نکلی
پاؤں میں باندھے ہوئے کاہکشاں کی پائل
رقص کرتی تھی کسی شوخ تبسم کی طرح
دیکھ کر رقص مری یاد نے لی انگڑائی
ذہنِ تاریک میں تاروں کی طرح جل اُٹھے
رقص کرتی ہوئی راتیں، وہی گاتے ہوئے دن
کھل گئی آنکھ مری ہوک سی دِل میں اٹھی!
ہجر کے دشت میں ہے دور تلک سناٹا
ایک مدت سے رہِ شوق ہے سونی سونی
کوئی آہٹ کوئی پازیب کی جھنکار نہیں
شب ہے تاریک کوئی شعلہ رخسار نہیں

▲

"سحر"

یہ جواں رات کی تاریک ردا سے رِس کر
دُودھیا، صندلیں کرنیں جو اُبھر آئی ہیں
لوگ خوش ہیں کہ نُمایاں ہوئے آثارِ سحر،
مَیں ہوں مغموم کہ یہ وقت مسرّت کا نہیں
مَیں نے دیکھا ہے سفیدی و سیاہی کا ملن
ایسے سنگم پہ مُسلّط ہے ضعیفی کا خدا

اِنتقام

دِن کے عارض پہ لہو رنگ جو آنچل ڈھلکا
دُور اُفق پار کسی نین کا کاجل جھلکا
پھر وہی رات، وہی کرب و ستم خوردہ سکوت
تیرگی بڑھنے لگی شانوں سے سینہ تلنے
جیسے ان نُور کے بُوٹوں کو نگل جائے گی!
پر سسکتے ہوئے، کمزور، نہتے تارے
بَن گئے رات کے سینے میں دَہکتے ناسُور

قمر اقبال

معرفت عمر شاہ خاں
گھاٹی۔ اورنگ آباد

شرارت

کاسۂ افلاک لے کر ہاتھ میں
روشنی و تیرگی کے اِک عجب دوراہے پر
رات اِک اندھی بھکارن کی طرح
اَن گنت صدیوں سے ہے بیٹھی ہوئی
چاند تاروں کے ہیں سِکّے کاسۂ افلاک میں

صبح اِک نٹ کھٹ سی لڑکی ہے جو روز
بھیک دینے کے بہانے پاس اُس کے آتی ہے
اور اس کے کاسۂ اُفلاک سے
چاند تاروں کے سبھی سکّے اُٹھا لے جاتی ہے!

سوزِ نغمہ

نسیمِ صبح کے ٹھنڈے لطیف جھونکے بھی
لرزتے، کانپتے شبنم کے نرم قطرے بھی
سلگتے، گرم، حسیں تتلیوں کے بوسے بھی
چہکتی، رقص کناں بلبلوں کے نغمے بھی
اُسے نہ کر سکے مجبور مسکرانے پر!
مگر وہ کالا کلوٹا سا بدنما بھونرا
قریب اس کے جب آتے ہی گنگنانے لگا
عجیب دھن میں اِک انجانا گیت گانے لگا
تو اس کی پنکھڑیوں کے لبوں پہ پل بھر میں
مہکتا ایک تبسم سا کپکپانے لگا

▲

تقاضۂ شباب

جَل کی گاگر سَر پر رکھے
سانجھ سمے سونے پنگھٹ سے
اِک پنہارن لوٹ رہی ہے
مَن ہی مَن میں سوچ رہی ہے
کاش کہیں سے کوئی اچانک
میری گاگر پر اِک کنکر
پھینک کے مارے اور چھُپ جائے
گاگر پھُوٹے، جَل بَہہ جائے
میرے تَن مَن میں جو اگنی
اِک مُدّت سے بَھڑک رہی ہے
پریم کے شیتل نرمل جَل سے
ممکن ہے وہ خود بجھ جائے!

تقابُل

سہیلیوں سے جو اپنی تجھے شکایت ہے
وہی گِلہ ہے مجھے دوستوں سے بھی اپنے
اگر وہ نام مِرا لے کے چھیڑتی ہیں تجھے
تو کر کے ذکر ترا یہ مجھے ستاتے ہیں
اگر وہ گُم تجھے سوچوں میں پا کے ہنستی ہیں
تو حال پر یہ مِرے قہقہے لگاتے ہیں
اگر مذاق سے کہتی ہیں وہ تجھے "شیریں"
تو کہہ کے مجھ کو بھی "فرہاد" یہ بناتے ہیں
مِرا سکون، مِری زندگی، مِری دُنیا
تِرا گِلہ، مِرا شکوہ بجا سہی لیکن
انھیں لطیف دِلآویز "چٹکیوں" سے تو
رگوں میں خُونِ محبت کا رقص جاری ہے
عجیب کیف سا اِک ذہن و دِل پہ طاری ہے
ؔ

بجا کہ اہلِ جنوں سوئے قتل گاہ چلے
تمہارے شہر کی اِک رسم تو نباہ چلے
لبِ صلیب کو اپنے لہو سے تر کرنے
گنہ گار نہ اٹھے تو بے گناہ چلے
ہمارے ساتھ ذرا وادیٔ سلاسل تک
خیالِ پیچ و خمِ کاکُلِ سیاہ چلے
ابھی تو راہ میں دلدل ہیں ظلمتوں کے کئی
ابھی تو ساتھ کوئی بنتِ مہر و ماہ چلے
دلِ تباہ میں زخموں کی کچھ کمی ہے ابھی
نہیں جو تیغِ ادا، ناوکِ نگاہ چلے
پکارتی ہیں امیدوں کی جاگتی گلیاں
دیارِ دل کو کہاں کر کے تم تباہ چلے
تمہارے تو کوئی بات آج یاد نہیں
چلے جو تم تو بتا کر کسے گواہ چلے

صدائیں دیتا ہے پھر شہرِ طوق و دار ہمیں
نہ رک سکیں گے قدم اب نہ تو پکار ہمیں

ہر اک کو تحفۂ جوشِ جنوں نہیں ملتا
عزیز کیوں نہ ہو دامن کا تار تار ہمیں

گلی گلی میں ہیں روشن ہمارے نقشِ قدم
کرے گا یاد ہمیشہ ترا دیار ہمیں

وہ شب تو شب تھی کسی طرح کاٹ دی لیکن
تمام عمر رہا تیرا انتظار ہمیں

ابھی تو ہم نے بہت کم فریب کھائے ہیں
ابھی تو دوستو! تم پر ہے اعتبار ہمیں

یہ کیا غضب ہے غمِ یار کیا قیامت ہے
سوا ہے تجھ سے بھی احساسِ روزگار ہمیں

چمن کو ہم نے ہی اپنے لہو سے سینچا تھا
اسی لئے تو ملے ہیں یہ آج خار ہمیں

ثمر دکھائیں اُسے باغباں کو ہم کیسے
جو زخم دے کے گیا موسمِ بہار ہمیں

نہ مدحِ گیسو و عارض نہ ذکرِ دار و صلیب
قمر ہے آج تو اہلِ جنوں کا حال عجیب

بجا کہ آج بھی بے حد حسیں ہے شہرِ حبیب
ہمیں تو بھا گیا لیکن دیارِ طوق و صلیب

قبائے دل میں ہیں زخموں کے اَن گنت پیوند
تمہارے شہر میں ہم سا بھی کیا کوئی ہے غریب

چلو دکھائیں اُسے بھی ہم اپنے زخمِ جگر
سُنا ہے شہر میں آیا ہے آج کوئی طبیب

تمہارے پاس ہے دامن ہمارے پاس ہیں اشک
یہ اپنا اپنا مقدّر ہے اپنا اپنا نصیب

یہ کِس کی سانس قمر چھو رہی ہے گال مِرے
یہ کِس کا چہرہ ہے چہرے کے میرے اتنے قریب

حسن عرفی

معرفت، محمد حسین
۲۔ ۲۹ ، بینا ٹنک پور روڈ ۔ کلکتہ ۔ ۱۴

دوراہا

تیری ہی عنایت ہے کہ اس راہ میں اے دوست
ہر دن کو اُمڈتا ہے ترے نور کا سیلاب
ہر شام لیے آتی ہے زُلفوں کی حکایت
ہر شب کو نکلتا ہے ترے حُسن کا مہتاب

ہر جنبشِ لب ہے تری اِک نغمۂ فردوس
ہر جھونکا تیری راہ کا ہے زخم کا مرہم
اور درد سے مُرجھائے ہوئے غنچۂ دل پر
ہر لمحہ ٹپکتی ہی رہے یاد کی شبنم

ملتی ہے یہاں لذّتِ سوزِ غمِ ہجراں
پاتی ہے یہاں رُوح شبِ وصل کی راحت
تسکینِ دل و جاں کے ہیں اسباب ہزاروں
اس راہ میں حاصل ہے ترے جسم کی جنت

اس راہ سے ہٹ کر بھی ہے اِک راہ مِرے دوست
ہے تاروں پہ ہر سُو جہاں ظلمت کی خُدائی
آنکھوں میں لرزتے ہوئے آنسو لیے انصاف
کرتا ہے جہاں ظلم کی چوکھٹ پہ گدائی

اور کتنی ہی معصوم وفا آشنا رُوحیں
جَل جاتی ہیں آلام کی بھٹی میں شب و روز
مغموم خلاؤں میں ہے شہزادۂ فردا
سَر پیٹتی پھرتی ہے جہاں ملکۂ امروز

میں جاؤں کدھر مجھ کو بتا دے میرے محبوب
پھر آج میں جیون کے دوراہے پہ کھڑا ہوں
اس راہ میں ہے پھول اور اس راہ میں شعلے
کس راہ پہ بڑھ جاؤں یہی سوچ رہا ہوں

صلیب

سطحِ شب پہ ہے تصویر یہ کس کی رقصاں
کس کی آہٹ ہے جو آتی ہے دُھندلکوں سے پرے
کس نے گہوارۂ ظلمت سے پکارا مجھ کو
کس کی آواز سے پھر نیند مری ٹوٹ گئی
ہے ہر اک سمت فضاؤں میں جو گمبھیر سکوت
رات چپ چاپ دبے پاؤں چلی جاتی ہے
جگمگاتے ہوئے تاروں کی رِدا اوڑھے ہوئے
سوچتا رہتا ہوں خاموش لیئے دیدۂ تر
مَیں تو اب زیست پر افلاس کی تہمت لے کر
دب گیا ہوں غمِ حالات کے قدموں کے تلے
گر گئی ہیں مرے احساس کی سب دیواریں
وقت نے چھین لیا مجھ سے مرا جوشِ جنوں
ہو کے مایوس اُمیدوں نے بھی دم توڑ دیا
مجھ کو اب اور دُھندلکوں کے عقب سے نہ پکار
اور اب میری جوانی کو سزائیں مت دے
شب کی تنہائی میں آواز نہ دے میرے حبیب!
میرا بستر تو ہے خود میرے لیئے ایک صلیب!!

▲

دُرگا پُوجا

پھر لگی گونجنے ناقوسِ برہمن کی صدا
پھر فضاؤں میں ہر اک سمت ڈھل بجنے لگے
گنگنانے لگے ماحول کے لب ہائے خموش
جگمگاتی ہوئی راہوں میں صنم سجنے لگے

پھر در و بامِ وطن کوچہ و بازارِ وطن
نکہت و نور سے شاداب نظر آتا ہے
کتنا آسودۂ نظارہ ہے ہر ذوقِ نظر
ہر طرف حُسن کا سیلاب نظر آتا ہے

ہر قدم پر ہیں حسینانِ وطن محوِ خرام
ہر گلی موڑ پہ ہے ماہ جبینوں کا ہجوم
اُف یہ ارزانیٔ تابندگیٔ حُسن و جمال
جلوۂ انجم و ناہید کی وسعت معلوم

بڑھتی ہی جاتی ہے یہ تشنگیٔ شوقِ نظر
جگمگاتی ہے جو پیراہنِ رنگیں کی چمک
تھپکیاں دے کے سُلاتی ہے خرد کو اے دوست
سرسراتے ہوئے آنچل کی جُنوں خیز مہک

جوشِ جذبات مچلتا ہے کہ ہر شوخ ادا
اپنی باہوں میں ہے راحت کے خزانے لیکر
نشۂ ناز میں ڈوبی ہوئی آنکھوں کی قسم
ہر نظر میں ہے محبت کے فسانے لیکر

مجمعِ حُسن میں حیران ہے شاعر کی نظر
عشق کہتا ہے کہ حالات پہ طاری میں ہوں
یُوں تو راہوں میں ملے لاکھوں ہی اصنام مگر
وہ صنم مل نہ سکا جس کا پجاری میں ہوں

مجبور

اجنبی شہر کی گمنام سی اِک بستی میں
ایک انجان مکاں ہے جس میں
روز و شب شام و سحر بیت رہے ہیں میرے
قافلے یادوں کے آتے ہیں گزر جاتے ہیں
چھپ کے تنہائی میں دُنیا کی نظر سے بچ کر
اپنے اشکوں کو میں پلکوں میں چھپا لیتا ہوں
چند لمحوں کے لیئے
اپنے ماضی کے گھروندے میں پلٹ جاتا ہوں
پھر یکایک کوئی یُوں
سامنے آتا ہے، جُھک جاتی ہیں پلکیں میری
گھیر لیتے ہیں وہاں مجھ کو کنوارے اُرماں
کتنی دوشیزہ اُمنگیں مجھے بہلاتی ہیں
چھونے لگتے ہیں مرے لَب کو پُرانے نغمے
پھر اچانک مرا ہر خواب بکھر جاتا ہے
یعنی اِک چیخ مرے کانوں میں لہراتی ہے
جس کو میں تھپکیاں دے دے کے سُلا آیا تھا! ▲

رات کا سیاہ آنچل پھیلتا ہی جاتا ہے
رونقیں نگاہوں سے ختم ہوتی جاتی ہیں
چھا رہا ہے اب ہر سُو بام و دَر پہ سناٹا
خلوتوں کے سینے میں شمعیں تھرتھراتی ہیں

لے رہی ہے رہ رہ کر رات بھی اب انگڑائی
آنکھ بھی ستاروں کی دھندلی ہوتی جاتی ہے
دُور آسمانوں کے نیل گُوں جزیرے پر
نیند کی پری جیسے لوریاں سُناتی ہے

ذہن کے دریچے سے اس خموش ظُلمت میں
صُورتیں اُبھرتی ہیں کتنے چاند تاروں کی
زندگی کے دامن پر ان اُداس پلکوں سے
اشک بن کے ٹپکی ہے یاد بچھڑے یاروں کی

زندانیٔ ایام

پھر مرے تصور میں روشنی جھلکتی ہے
تُم اُداس بیٹھی ہو سیم و زر کی چھاؤں میں
سونی سونی آنکھیں ہیں پھیلا پھیلا کاجل ہے
گیت میرے گاتی ہو اجنبی فضاؤں میں

اِس طرف ترا شاعر زندگی کے زِنداں میں
دَرد و غم کو سہہ سہہ کر اس طرح سے جیتا ہے
جس طرح کوئی مُجرم حالتِ اسیری میں
اپنی قید کا ہر دِن اُنگلیوں پہ گِنتا ہے

آخری آرزو

لو سُناتا ہوں سُنو آج خموشی کا سبب
ایک جھنکار ہوئی ٹوٹ گیا دل کا رَباب
نغمہ آنکھوں سے ٹپکنے لگا قطرہ قطرہ
لوگ ہر موڑ پہ کرنے لگے بے رنگ سوال
اور تکتی رہیں چُپ چاپ تمہاری آنکھیں
جَل گئی وقت کے شعلوں سے مری بزمِ خیال
مِٹ گیا رنگِ سخن لُٹ گیا شعروں کا جمال
اب کوئی نامہ و پیغام نہ بھیجو، مجھ کو
اب مَیں دے سکتا نہیں تم کو کسی خط کا جواب

▲

دستور

میرے آنسو مت پونچھو میں تو چُپ ہو جاؤں گا
تم بھی اس کا غم نہ کرو، یہ تو ہوتا آیا ہے
فطرت کا شہکار حسین کہتے ہیں اِنسان جسے
جب سے بنی ہے یہ دُنیا تب سے روتا آیا ہے

پہلے

چاند کو تم تسخیر کرو، تاروں کو بچھا دو راہوں میں
لیکن ان لاکھوں تاروں کو
ظُلمت سے بچاؤ تو پہلے
جو گود میں اپنی ماؤں کے ہاتھ اُٹھائے سِسک رہے ہیں!

▲

دلاسہ

معلوم ہے مجھ کو مرے ہمدم ترا ہر راز
کیا ڈھونڈتی رہتی ہیں یہ مغموم نگاہیں
کیوں دن کے اُجالے میں بھٹکتا ہے ترا دل
کیوں شب کی سیاہی میں سُلگتی ہیں یہ باہیں
اُجڑا نظر آتا ہے کیوں ایوانِ تصور
ویران ہوئی جاتی ہیں کیوں زیست کی راہیں

معلوم ہے مجھ کو مرے ہمدم کو یہ دُنیا
بخشی ہے شگوفوں کے عوض تجھ کو شرارا
رَوندا ہے ہر اک موڑ پہ حالات نے تجھ کو
چلتا ہے ترے جسم پہ آلام کا آرا
پہنچی نہ صدا اس کے کبھی روزنِ دل تک
تُو نے جسے ہر گام پہ رو رو کے پکارا

لیکن مرے ہمدم تُو اکیلا ہی نہیں ہے
ہم بھی ہیں تری طرح شکارِ غمِ دَوراں
ہم پر بھی ستم توڑے ہیں اربابِ خرد نے
ہم پر بھی چلا تیری طرح ظلم کا طوفاں
ہم نے بھی گنوایا غمِ محبوب میں سب کچھ
کچھ اور نہیں پاس بجز چاکِ گریباں

کچھ دیر ندیم اور ذرا اشک بہا لے
جو آج ہے دستورِ کہن کل نہ رہے گا
گزرے گا ہر اک راہ سے سیلابِ بہاراں
محروم شگوفوں سے چمن کل نہ رہے گا
سوزِ غمِ جاناں ہو کہ سوزِ غمِ دَوراں
خوں چوس کے انساں کا گگن کل نہ رہے گا

▲

علی اصغر

۲۱ ۔ ۸ ۔ ۱۶
چنچل گوڑہ ۔ حیدرآباد ۔ ۲۴

میری آواز سُنو

اے حسیں چاند! اے آکاش کے ننھے تارو
میری آواز سُنو
کیا تمہیں رات کی تاریکی سے ڈر لگتا ہے
یا تمہیں میرے شبستاں سے کوئی کام نہیں
اتنے خاموش ہو کیوں
کچھ تو کہو
دیکھو میں وقت کے تاریک بیابانوں سے
لمحۂ فکر کا اک ہار چرا لایا ہوں
میری آواز سُنو
میرے گیتوں کی مچلتی ہوئی آواز سُنو
جھوم کر گاؤ اُٹھو
رنگ بھرو
رقص کرو

پھولوں کی شکست

گاؤں سے دُور، ہرے کھیتوں کے آگے، اُس پار
ایک ویرانے میں چُپکے سے سمائی تھی بہار
پھُول مہکے تھے، چمن زار کی سرحد سے پرے
چند کلیوں نے دکھائے تھے گلابی چہرے

صبح تو ہونے ہی والی تھی، گھٹا سی چھائی
جانے کیا بات ہوئی، زور کی آندھی آئی
اور وہ پھُول جو شاخوں پہ کھڑے جھُومتے تھے
اِک بیک نیند سے بیدار ہوئے، ٹُوٹ گئے!

اظہار

خواہشیں دِل میں مہکتی ہیں بہاروں کی طرح
اور پھر غم کے اندھیرے میں یُوں کھو جاتی ہیں
جیسے ویرانے میں گُلپوش ہَوا کا جھونکا

مَیں سمجھتا ہوں مرا دِل نہیں، ویرانہ ہے
میری تنہائی حقیقت نہیں، افسانہ ہے!

تنہائی کی آگ

(سانیٹ)

چاندنی، پھول، بہاروں کا تبسم، نغمات
جام، میخانے، چمن زار، جنوں خیز شباب
بھیگی بھیگی سی فضا، نیند میں ڈوبی ہوئی رات
زندگی رقص میں ہے، جیسے ہواؤں میں گلاب
جھولتے گاتے ہوئے نور کی کرنیں لے کر
رنگ کے، رُوپ کے لمحات کا دیدار کریں
تاکہ کچھ دیر ہو طے ساتھ ہی اُلفت کا سفر
آؤ کچھ بات کریں، جام بھریں، پیار کریں
تم نہ آؤگے تو مہتاب بکھل جائے گا
رنگ اور نور کی پریاں بھی چلی جائیں گی
چاندنی رات کا پیغام بدل جائے گا
اُلجھنیں بڑھ کے برے دِل پہ ستم ڈھائیں گی
تم نہ آئے، دلِ خاموش کی موت آئی ہے
رات ہے، درد ہے، اِک آگ ہے، تنہائی ہے

بھٹکتا پھر رہا ہوں

بھٹکتا پھر رہا ہوں میں ہجومِ غم کے صحرا میں
خیالِ تشنہ کامی، دردِ دِل بن کر ستاتا ہے
نہ کوئی ہمسفر ہے اور نہ کوئی رہنما میرا
چراغِ آرزو چلتی ہوا میں تھرتھراتا ہے

کہاں تک دامنِ اُمید تھاموں رہگزاروں میں
غُبارِ نامرادی رچ گیا ہے میری آنکھوں میں
نہ جانے دُور کتنی دُور ہے منزل اُجالوں کی
ابھی باقی ہے سَر میں، تیرگی غمگیں خیالوں کی

نظر کہتی ہے دِل کی بات کہہ دُوں چاند تاروں سے
سجادیں میری راہیں رات بھر دِلکش نظاروں سے
مگر پھر دل یہ کہتا ہے کہ تنہائی میں جلنے دو
تمنائے حسیں کو چند اشکوں ہی میں ڈھلنے دو

تکمیل

نشاطِ صبح میسّر نہیں ہے اِس دِل کو
سمجھ رہا ہے شبِ تار اپنی منزل کو
یُوں مسکراؤ کہ تاروں کی روشنی بن کر
نگارِ تیرگیٔ دردِ دِل بِکھر جائے
وہ گیت گاؤ کہ رنگینیٔ چمن کی طرح
اُداسیوں کی شبِ بے کسی نِکھر جائے
نظر اُٹھاؤ کہ بیٹھے ہیں ہم بھی محفل میں
وہ بات چھیڑو کہ اِس دِل سے بھی گزر جائے
مِرے خیال کی وادی میں رقص کرنا ہے
ابھی نہ جاؤ تمہیں جامِ تلخ بھرنا ہے

"میکدے سے جانے دو!"

سُرورِ شامِ غمِ زندگی کے متوالو
مجھے خدا کے لیئے میکدے سے جانے دو
وہ دیکھو پھر سے گھٹاؤں میں برق لہرائی
مرے فراق میں بادل کی آنکھ بھر آئی
گھٹی گھٹی سی فضاؤں میں غم نے کی پرواز
نہ جانے گونج اُٹھی کس کے درد کی آواز
نہ جانے کس نے کلیجہ پہ چوٹ کھائی ہے
کہ بزمِ مے میں بھی آوازِ درد آئی ہے
اگرچہ میں بھی اکیلا ہوں غم کی راہوں میں
مگر جھلکتی نہیں بے بسی نگاہوں میں
چراغ جل نہ سکے میری آرزو کے مگر
ابھی جواں ہیں نشاطِ جنون و ذوقِ نظر
رہِ حیات کی تاریکیوں کا خوف نہیں
چلوں گا میں تو پہنچ جاؤں گا کسی کے قریں
مجھے خدا کے لیئے میکدے سے جانے دو
سکوتِ شامِ غمِ زندگی کے متوالو

نورالزماں

ٹسٹ ہاؤس ۔ آئی ۔ ٹی ۔ سی
(۱۹۵۴) لمیٹڈ ۔ پوسٹ نمبر ۱۸
جمشید پور ۔ ۴

معراج

جواں رات جوبن پہ آئی ہوئی
چاندنی میں نہائی ہوئی
مہکی مہکی ہوئی
جبکہ غنچہ، کلی، پھول اور خار و خس
یوں نظر آ رہے ہوں
کہ جیسے کوئی سیم تن نازنیں
مانگ میں اپنے افشاں بھرے پہلی بار
مڑکے دیکھے سراپے کو آئینہ میں
چوم لے بڑھ کے ہونٹوں کی مسکان کو
بھر لے آغوش میں پھول بھی خار بھی
اور لذت ملے ٹیس میں
پھر لہو کو رسے آنچل کو رنگینیاں بخش دے
ہے یہی وقت جب سانپ کے دانت میں
آب بنتا ہے زہر
اور وہی آب بن کے گہر
سیپ کی سونی آغوش میں ٹھہر کر
بھول جاتا ہے انجام کو!

"راز ہے راز ہے"

کوئی کھانسا بڑے زور سے
کوئی شیشہ گرا فرش پر
کوئی بچہ گرا ماں کی آغوش سے
پھر فضا میں تہلکہ مچا
زندگی شور و غوغا لیے جاگ اُٹھی
اور اِسی شور میں سسکیاں دَب گئیں
یُوں کسی کی متاعِ محبت پہ پردہ پڑا
اس طرح کوئی رُسوائی سے بچ گیا
آج بھی زندگی کی حقیقت
اِسی شور و غُل میں ملے گی
اگر کھوجئے!

▲

کرن

جب کسی آنکھ کو ملتی ہے تبسم کی نمی
جب کسی ہونٹ کو ملتی ہے ترنم کی کھنک
جب کوئی شاخ لب جُو کو بنائے دُرِ ثمن
جب کسی پھول کی رنگینی میں گھل جائے دھنک
زندگانی میں وہ لمحات بھی آتے ہیں کبھی
جب بکھر جاتی ہے آنکھوں سے تبسم کی نمی
خشک ہو جاتے ہیں لب تلخیٔ دوراں پا کے
اور ہو جاتی ہے انساں کے عزائم میں کمی
اس لیئے جب کبھی لمحات خوشی کے آئے
چُن کے پلکوں سے اُنھیں ڈال لیا دامن میں
دل کی آغوش میں لے لے کے اُنھیں پیار کیا
تاکہ دل پیاس سے تڑپے نہ کبھی ساون میں
تاکہ دل کو نہ اندھیرا کبھی چھونے پائے
جب بھی آئے تو مرے دل میں سویرا آئے

آشا

چُپ چُپ کھڑی کھڑی اکیلی
گم سُم سی اِک نار نویلی
آشاؤں کے دیپ جلائے
مند مند مسکاتی جائے
اپنے سے شرماتی جائے
اپنے من کا گھاؤ چھپائے
من کا گھاؤ ہے کتنا گہرا
پھر بھی ہونٹوں پر ہے پہرا
کیسے من کا بھید بتائے
سب کچھ ہار چکی ہے اپنا
پھر بھی دیکھ رہی ہے سپنا
پھر بھی ہے وہ آس لگائے
کوئی تو آئے گا اِک دن
سوچ رہی ہے من برہن
جو پریت کی ریت نبھائے
من مندر میں ایک جیوتی ہے
اِس سے ہی بس آس لگی ہے
جگ جگ کی جو پیاس بجھائے

○

نام آنا نہ تھا ان کا میرے افسانے میں
مجھ سے یہ بھول مگر ہو گئی انجانے میں

وحشتِ رنگِ بہاراں کو ادھوری پا کے
بوئے محبوب صبا لائی ہے ویرانے میں

ذکر ہو تلخئ ایام کا رندوں میں بھلا
آج کیا آیا ہے زاہد کوئی میخانے میں

رنگ ہلکا ہے مگر آگ ہے شعلہ ہے یہ شئے
جانے کیا چیز ہے ساقی ترے پیمانے میں

جذبۂ جوش و جنوں اہلِ خرد سے ہشیار
راز کچھ منہ سے نکل جائے گا گھبرانے میں

تم نہ آئے تمہاری یاد آئی
کٹ گئی شامِ غم کی تنہائی

آج دل کا ہے خدا حافظ
آج بہکی ہوئی ہے پُروائی

کون آیا ہے آج محفل میں
ہر کوئی بن گیا تماشائی

عقل والوں کا وعظ کیا کہیے
سُن بھی لیتا ہے کوئی سودائی ؟

فلسفے کا جہادِ امن و سکوں
جیسے قاتل کرے مسیحائی

روشن خیال

۱۳۴۔۶۔۱۹
عثمان پورہ۔ حیدرآباد۔ ۲۴

حیاتِ نَو کی خاطر مجھ کو مَر جانا بھی آتا ہے
محبت میں محبت سے گُزر جانا بھی آتا ہے

زمانے، جسقدر چاہے ستالے، یاد رکھ اِتنا
مِرے تارِ گریباں کو بکھر جانا بھی آتا ہے

ہری شاداب دُنیا کے لُٹیروں کو مَیں بتلادُوں
تلاطُم کی طرح مجھ کو بپھر جانا بھی آتا ہے

جہاں ہم ساحلوں کے گیت گاتے ہیں وہیں ہم کو
تلاطُم خیز دریا میں اُتر جانا بھی آتا ہے

مانا کہ کئی غم ہیں مگر پھر بھی مرے دوست
اِس دَور میں جینے کی کِسے آس نہیں ہے

ہوتے ہیں وہی لوگ ترے ذِکر پہ غمگیں
آدابِ محبت کا جنھیں پاس نہیں ہے

کچھ اور مرے دَرد کی لذّت کو بڑھا دیں
اب اِتنے کرم کی بھی کوئی آس نہیں ہے

حالات نے اس طرح مجھے لُوٹ لیا ہے
اب تیری تمنا بھی مرے پاس نہیں ہے

اِس دَور کا سرمایۂ تاریخ یہی ہے
اِس دَور میں آلام کا اِفلاس نہیں ہے

بہار آئی ہے گلستاں میں بہار لے کر میں کیا کروں گا
جو تُو نہیں ہے تو ساری دُنیا کا پیار لے کر میں کیا کروں گا

یہی سہارے ہیں زندگی کے مجھے تو بے تابیاں عطا کر
جو دھڑکنیں چھین لی گئیں ہوں قرار لے کر میں کیا کروں گا

حُدودِ مینا و جام کب تک، یہ احتیاطِ نظر کہاں تک
نظر کے ہٹتے ہی گم ہو ایسا خمار لے کر میں کیا کروں گا

میں شاہکارِ جہاں ہوں لیکن میں آبروئے اُدب ہوں لیکن
بغیر تیرے حسین پھولوں کے ہار لے کر میں کیا کروں گا

دلوں کو جُھلسانے والی لُو سے نجات مجھ کو کہاں ملی ہے
یہ چاندنی شب یہ ساعتِ خوشگوار لے کر میں کیا کروں گا

مَیں عہدِ حاضر کا اِک مُسافر ہوں میری منزل الگ ہے سب سے
بڑھے ہوئے قافلوں کا گرد و غبار لے کر میں کیا کروں گا

یہ جاگتی زندگی ہے اس کے مطالبے نقد چاہتے ہیں
خیال، خوابِ بہشت پر وردگار لے کر میں کیا کروں گا

دِل میں آنکھوں میں اُتر جانے سے کیا ہوتا ہے
چھوڑ کر نقش گزر جانے سے کیا ہوتا ہے
اپنی کشتی ہے کناروں کے مقدر کو لیئے
ایسے طوفاں کے بپھر جانے سے کیا ہوتا ہے
ڈُوب جاؤ گے تو ہر گام پہ ساحل ہوگا
بُلبُلے بَن کے اُبھر جانے سے کیا ہوتا ہے
اِس سکوں میں بھی بڑی لذّتِ بیتابی ہے
گردشِ غم کے ٹھہر جانے سے کیا ہوتا ہے
کیوں نہ دِکھلا دوں زمانے کو محبّت کا مقام
سوچتا ہوں یُونہی مَر جانے سے کیا ہوتا ہے
بات جب ہے کہ کھُلیں فکر و نظر کی راہیں
بات بے رَبط سی کر جانے سے کیا ہوتا ہے
گُلستاں رنگِ بہاراں کو ترستا ہے ابھی
چند کلیوں کے نکھر جانے سے کیا ہوتا ہے
جب میں جانوں کہ کھُلے دِل سے ہو تنقید خیال
اعتراضات کے دَھر جانے سے کیا ہوتا ہے

جو غزل تیرے نام ہو نہ سکی
قابلِ احترام ہو نہ سکی

ہائے دو روزہ خود نوازِ حیات
حاصلِ صبح و شام ہو نہ سکی

اس زمانے کی دھوپ میں وہ نظر
بن گئی برق جام ہو نہ سکی

میری لغزش کی داستاں کے بغیر
کوئی تحریک عام ہو نہ سکی

فکر جو حادثوں میں پل نہ سکے
کبھی عالی مقام ہو نہ سکی

میری خود داریٔ حیات خیال
جانے کیوں نیک نام ہو نہ سکی

عقل جب شاملِ جذبات نہیں ہوتی ہے
زندگانی میں کوئی بات نہیں ہوتی ہے
آپ سے جب بھی مُلاقات نہیں ہوتی ہے
رات ہوتی ہے مگر رات نہیں ہوتی ہے
کچھ قدم بھی تو اُٹھا بیٹھ کے رونے والے
زندگی صرفِ شکایات نہیں ہوتی ہے
ہر نئے دَور نے چمکائے ہیں سُورج اپنے
فکر پابندِ روایات نہیں ہوتی ہے
شعر ہے راہبرِ قافلۂ اہلِ نظر
شاعری صرف خرافات نہیں ہوتی ہے
ایک ہنگامے کے آثار وہاں ہوتے ہیں
بر سرِ عام جہاں بات نہیں ہوتی ہے
سایۂ زُلف نہیں جس کے مقدر میں خیالؔ
اُس کی دُنیا میں کوئی رات نہیں ہوتی ہے

عشق کے درد کے ماروں میں بھٹکتے ہی رہے
ہم انہی راہگذاروں میں بھٹکتے ہی رہے
چشم و رخسار کے خوابوں کی تمنا لے کر
عمر بھر چاند ستاروں میں بھٹکتے ہی رہے
اپنے زخموں کو چھپائے ہوئے ہم اہلِ چمن
صرف مفروضہ بہاروں میں بھٹکتے ہی رہے
ہم سے کیا پوچھتے ہو دشت نوردی کا مآل
پھول کی آس میں خاروں میں بھٹکتے ہی رہے
تیز طوفانوں میں جینے کا مزا کیا جانے
وہ جو بے رنگ کناروں میں بھٹکتے ہی رہے
جلنے والوں نے تو پا ہی لیا منزل کا سراغ
اور کچھ لوگ مزاروں میں بھٹکتے ہی رہے
بے خبر ہم رہے رفتارِ زمانہ سے خیال
لمحے خوابوں کے قطاروں میں بھٹکتے ہی رہے

محمد علی ذکی

۲۲۳-۵-۱۴
فرحت نگر، حیدرآباد-۲۴

سب کو حیرت ہے کہ اندازۂ غم کیا ہوگا
ہم پہ حالات کا اب اور کرم کیا ہوگا

درد میں راحتِ دل غم سے حیاتِ ارماں
یہ ہیں اندازِ ستم کے تو کرم کیا ہوگا

دل کا ارمان مسرت ہی میں یہ عالم ہے
اور جو کھل جائے مسرت کا بھرم کیا ہوگا

جس کی ناکامی کو نسبت ہے تری شوخی سے
ہم کو اس حسرتِ ناکام کا غم کیا ہوگا

گرد کیا چاند کے چہرے پہ پہنچ سکتی ہے
غم تمہارا غمِ ایام میں ضم کیا ہوگا

دل جو تیاب برا اور وہ دستِ نازک
قدر کچھ اور بھی بڑھ جائے گا کم کیا ہوگا

سوچتا ہوں میں ذکی میری جبیں میں ہی کبھی
جذب ہو جائے اگر نقشِ قدم کیا ہوگا

▲

دُنیا اسی سے رونقِ دُنیا اسی سے ہے
ہر جلوۂ حیات فقط آدمی سے ہے

رنگینیِ حیات اِسی سادگی سے ہے
اُمیدِ التفات کسی اجنبی سے ہے

ہم لوگ اعتبارِ شعورِ حیات ہیں
شائستگی کا ہوش اگر آشفتگی سے ہے

دُنیا میں، مَیں نہیں تو حقیقت میں کچھ نہیں
ہر چیز کا وجود مری زندگی سے ہے

ہاں ہزار ضبط کے خوگر ہو تم ذکی
انداز کہتے ہیں کہ محبت کسی سے ہے

▲

○

حریفِ عزمِ سفر ساری کائنات ہوئی
مگر کہیں نہ مرے حوصلوں کو مات ہوئی

ترا خیال، تری یاد، تیری دھن لے کر
چلا تو ساتھ مرے ساری کائنات ہوئی

تمام رات معطر رہا جہانِ خیال
تمام رات ترے گیسوؤں کی بات ہوئی

مرے بغیر مکمل نہ تھا جہانِ حیات
مرے وجود سے تکمیلِ کائنات ہوئی

نگاہِ ناز نے اپنا بنا لیا ہے ذکی
چلو عذابِ غمِ زیست سے نجات ہوئی

▲

○

جلوہ ہے کس کا کون ہے دل میں چھپا ہوا
دل ہے جو کائنات کا محور بنا ہوا

سوزِ دروں سے رنگ کسی کا اڑا ہوا
کس دل سے دیکھئے گا اگر دیکھنا ہوا

اپنے سے دور دور جسے ڈھونڈتا تھا میں
وہ میرے ساتھ ساتھ تھا مجھ سے چھپا ہوا

ہوشِ سفر ہے میں ہوں نہ منزل کی جستجو
پہنچا کہاں، ہوں نقشِ قدم ڈھونڈتا ہوا

وابستہ اس سے کیوں نہ ہو تقدیرِ کائنات
دل ہے ترے خیال کی منزل بنا ہوا

▲

رہتا ہے جو زباں پہ اکثر کسی کا نام
پیارا ہے ہم کو جان سے بڑھ کر کسی کا نام

ضبطِ اَلم کی سعیٔ مسلسل کے باوجود
آ ہی گیا زباں پہ اکثر کسی کا نام

منزل بھی جھومتی ہوئی قدموں سے آ لگی
عزمِ سفر کیا ہے جو لے کر کسی کا نام

رگ رگ میں دوڑ جاتی ہے اک زندگی کی لہر
نس نس میں جان پڑتی ہے سُن کر کسی کا نام

دیوانگی بھی اپنی ہے اک طرزِ احتیاط
اُن کو پکار لیتے ہیں لے کر کسی کا نام

تقدیر کے قلم نے کیا دل نشیں ستم
لکھ کر ہمارے صفحۂ دل پہ کسی کا نام

نئے جہاں کے یہ تحفے ہیں زندگی کے لیئے
نفس نفس میں ہے اک موت آدمی کے لیئے

وہ دوستی کے لیئے ہو کہ دشمنی کے لیئے
خلوص شرط ہے ہر ربطِ باہمی کے لیئے

اندھیرے لاکھ سہی زندگی کی راہوں میں
تمہاری یاد ہی کافی ہے روشنی کے لیئے

کچھ اس طرح سے گریزاں ہے زندگی مجھ سے
مرا وجود نہیں جیسے زندگی کے لیئے

○

یہ موسم کر نہیں سکتا ہے دامن تار تار اپنا
مذاقِ سیر ہے شائستۂ فصلِ بہار اپنا

حیاتِ شوق کا اپنی نہ جانے حشر کیا ہوگا
نہ وہ کافر ہے قابو میں نہ دل پر اختیار اپنا

لبوں کے نام سے بھی دل کو اب وحشت سی ہوتی ہے
نگاہِ ناز نے لوٹا ہے یوں صبر و قرار اپنا

غموں کی دھوپ جھلساتی ہی جاتی ہے زمانے سے
کبھی تو ہم پہ سایہ ڈال دے گیسوئے یار اپنا

دکھاوا ہی دکھاوا ہے بہارِ گلشنِ ہستی
یہاں کوئی روش اپنی نہ گل اپنا نہ خار اپنا

خزاں کے نام سے اہلِ نظر کا امتحاں لینے
بدل کر روپ آتی ہے گلستاں میں بہار اپنا

ہزاروں بار صدقے جانِ مشتاق اے ذکی اُن پر
اگر وہ جان لیتے ہیں سمجھ کر جاں نثار اپنا

▲

○

محو اس رنگ پہ ہے عالمِ تخیل یزداں اے دوست
جس طرف دیکھیے وحشت کے ہیں ساماں اے دوست
اُس کی جنبش سے ہے ہر زاویۂ زیست کا عنواں اے دوست
ایک نشتر ہے جو نزدیک رگِ جاں اے دوست
اس قدر کیوں ہے خفا پہ مری جاں اے دوست
لاکھ با ہوش سہی پھر بھی ہوں انساں اے دوست
تیری راہوں کا ہر اک ذرہ حریفِ خورشید
تیرا ہر نقشِ قدم رشکِ گلستاں اے دوست
کیا تماشہ ہے کہ تو جانِ بہاراں ہو کر
ہے مری زیست کی ویرانی کا عنواں اے دوست
تھک کے آیا ہوں بہت سایۂ گیسو میں ترے
اب مرے پاس نہ چھلکے غمِ دوراں اے دوست
ذرہ ذرہ ہمہ تن گردش ہوا جاتا ہے
تیری دُھن میں ہے ذکی جب سے غزلخواں اے دوست

●

حمید شاد

۵-۲-۵۰۸
رسالہ عبداللہ قدیم۔ حیدرآباد۔ ۱

"بے بسی"

ہائے اب بھی وہی دوری وہی مجبوری ہے
کرنا چاہوں جو کوئی کام تو کر پاتا نہیں
چھا گئے چاروں طرف درد و الم کے بادل
کس کو دیکھوں کہ مجھے کچھ بھی نظر آتا نہیں

یاد تو ہونگی وہی چاندنی راتیں تم کو
جب کہ کہتے تھے "الفت میں پگھل جائیں گے"
روکتے ہیں سبھی جب آگ میں جلنے کے لیے
مثلِ پروانہ، اسی آگ میں جل جائیں گے

ہے وہی رات کی تاریکی وہی سناٹا
کہیں ایسا نہ ہو تنہائی میں دم گھٹ جائے
میں ترا چاہی رہوں، یونہی آجانے کے لیے
کارواں میرا اندھیرے میں کہیں لٹ جائے

غیر بنتی ہو میرے سامنے، اپنی ہو کر
بے سبب ظلم ہے کیوں، مشقِ ستم کیا معنی
گر تمہاری بھی نگاہوں کو بدل جانا تھا
مجھ کو سمجھاؤ کہ یہ قول و قسم کیا معنی

کتنی مشکل تھیں یہ راہیں پیار کی
کس قدر راہوں میں آئے مرحلے
میں کہ ہر مشکل کے آگے ڈٹ گیا
دیکھتی ہے زیست میرے حوصلے

دل بھٹک جائے نہ دل کی راہ سے
آ کے دنیا نے محبت کو چنا
سل نہیں سکتے کبھی یہ زخمِ دل
پڑ نہ جائے جب تلک چشمِ وفا

مٹ گئے گر نقش اپنی نگاہ سے
یوں بھٹکتا ہی رہے گا بت تراش
غرق گر ہو ناؤ ساحل سے پرے
میں لیے پھرتا رہوں گا اپنی لاش

فاصلے

بجھ نہیں سکتی کبھی شمعِ وفا
آندھیاں لاکھوں اٹھائے آسماں
ہے محبت پر مجھے اتنا یقیں
آ بسائیں گے کہیں آشیاں

سوئے منزل عشق کے ہمراہ چل
میری ہمدم، میرے غم کی چارہ گر
ہاں مٹا دے درمیاں سے فاصلے
ساتھ ہو لے بن کے میری ہم سفر

جب بھی اس موڑ سے گزرتا ہوں
جانے تُو کیوں مجھے بُلاتی ہے
پیار و اخلاص کے حسیں نغمے
میٹھے میٹھے سُروں میں گاتی ہے

یُوں تو آتے ہیں روز کتنے جوان
کس کا تو انتظار کرتی ہے
کس کی اتنی تلاش ہے تجھ کو
کس لیئے اتنا تُو سنورتی ہے

"حسین دھوکہ"

چھوڑ کر دِل کی وہ حسیں دُنیا
کیوں ترے در پہ روز آتے ہیں
پھر لُٹا کے وہ سارا سرمایہ
خالی ہاتھوں ہی لَوٹ جاتے ہیں

کتنی شاداب ہے تری دُنیا!
کس قدر یہ حسین جھرنا ہے
سب کہیں گے "حسین مہ پارہ"
میں کہوں گا "حسین دھوکہ" ہے

○

یُوں چاند سے رُخسار پہ زُلفیں نہ گراؤ
اِن شوخ اَداؤں کی قسم، مان بھی جاؤ

یُوں بھی تو محبت میں ہے مدہوشی کا عالم
تم آنکھوں ہی آنکھوں سے نہ یُوں جام پلاؤ

دِل جب سے لگایا ہے، عجب حال ہے میرا
اب دِن کا سکوں، رات کی نیندیں نہ گنواؤ

تا عُمر تمہارا یہی احسان رہے گا
سُونی ہے بہت محفلِ دِل، آکے سجاؤ

دُنیا جو بُرا کہتی ہے، کہنے دو اُسے شاد
ہاں میری محبت سے نہ تم آنکھ چُراؤ

▲

○

اشارے جو اشارتاً تیری نظر کے پائے ہیں
"غموں کے ساز پر بھی کیا خوشی کے گیت گاتے ہیں"

ہنسا ہنسا کے تم نے اب کچھ ایسے گل کھلائے ہیں
جو درد دل میں تھے نہیں وہ درد دل میں آئے ہیں

قسم ہے تیرے پیار کی، قسم حسیں بہار کی
جو درد تھے ترے سوا، وہ درد سب بھلائے ہیں

جو کوئی پیار سے ملا اُسی کو بس جلا دیا!
نہ جانے اِس طرح سے اُس نے کتنے دل جلائے ہیں

ہے دل میں رنج و غم بھرا، مگر خوشی ہے ظاہری
اسی طرح سے شادؔ نے کچھ اپنے دن بتائے ہیں

▲

○

کبھی تھے پھول دامن میں ابھی تو خار باقی ہیں
لٹی ہیں ساری خوشیاں غم کے سو انبار باقی ہیں

کبھی جو ہم پہ مرتے تھے، بنے وہ ایسے بیگانے
نہ وہ پہلی سی راتیں ہیں، نہ وہ گلزار باقی ہیں

ہماری بے بسی پہ تو ہمارا دل بھی روتا ہے
سنائیں کس کو حالِ غم، کہاں غم خوار باقی ہیں

کہاں ہو تم کہاں ہم ہیں، خدایا کیسی یہ دوری
جدا ہو کر بھی اپنے ہیں، دلوں میں پیار باقی ہیں

ستم ہے شاد میخانے سے ساقی کا چلا جانا
کہ سب پیمانے خالی ہیں، فقط میخوار باقی ہیں

●

انور پانی پتی

پتہ

○

سنور گئی تری زلفوں کی ہر شکن جیسے
مہک گیا ہے بہاروں کا پیرہن جیسے

نگاہِ حسن کا مفہوم اتنا واضح ہے
کسی نے دی ہو مجھے دعوتِ سخن جیسے

سنور گئے مری پلکوں پہ اس طرح آنسو
سمٹ گئی ہو ستاروں کی انجمن جیسے

مرا وجود ہے خود مجھ پہ یوں گراں اے دوست
پڑا ہو وادیٔ غربت میں بے وطن جیسے

مرے قریب خوشی آ کے یوں جھجکتی ہے
سمٹ گئی ہو حیا سے کوئی دلہن جیسے

صبا بھی جان گئی میرے دل کا راز انور
پکار آئی ہے جا کے چمن چمن جیسے

شفق کا رنگ، چمن کا نکھار ہیں ہم لوگ
خزاں کا خوف نہیں، وہ بہار ہیں ہم لوگ

جمال و نور کے آئینہ دار ہیں ہم لوگ
جہانِ عشق کے پروردگار ہیں ہم لوگ

فقیہہِ شہر تجھے احترام لازم ہے
جمالِ خمکدۂ نوبہار ہیں ہم لوگ

خرامِ نکہتِ گل ہیں، غرورِ صبحِ چمن
بہ ایں خلوص مگر سوگوار ہیں ہم لوگ

یہ مصلحت ہے تری تو ہمیں سمجھ نہ سکا
خدا گواہ ترے جاں نثار ہیں ہم لوگ

روش روش پہ کھلائیں گلاب کی کلیاں
چمن کا حسن ہیں فخرِ بہار ہیں ہم لوگ

سرورِ کیفِ محبت کسے نہیں انورؔ
یہ اور بات ہے کہ سوگوار ہیں ہم لوگ

سالِ نو

رائفل ہاتھ میں نغمۂ آتشیں
سرفروشوں کی دُنیا ہے یہ سرزمیں
پھول زخمی ہوئے اے مرے ہم نشیں
عزمِ پیہم سے پی بادۂ احمریں
"پھوٹنے کو ہے اب صبحِ نو کی کرن"
یہ گگن کے دیئے بن رہے ہیں کفن
راس آتا نہیں ذکرِ دار و رسن
کام کب آئے گا تیرا دیوانہ پن
تجھ کو ہونا ہے اب سوئے منزل رواں
ہند کے اے مقدس جواں پاسباں
یہ نیا سال ایثار کا سال ہے
جاگ جا عزمِ بیدار کا سال ہے ▲

یاد

ساقی چُپ، میخانہ چُپ ہے
میکش چُپ، پیمانہ چُپ ہے
مدّھم مدّھم، شمعِ محفل
حیرت سے پروانہ چُپ ہے

لرزاں شمعِ محفل کیوں ہے
غم سے بوجھل یہ دِل کیوں ہے
آنسو ٹپکے، موتی بن کے
شاعر کا دِل بسمل کیوں ہے

خاموشی ہے دَہر پہ چھائی
شامِ خزاں نے لی انگڑائی
دُنیا کا دستور یہی ہے
جاگنے والے کو نیند آئی

▲

اُردو

رات کی دودھیا چاندنی کی طرح
شاخِ نازک پہ چنچل کلی کی طرح
ہیر جیسی یہ من موہنی کی طرح
کھینچ لائی ہے رانجھے کو دامن کشاں
ہے یہ ہندوستاں کی مقدس زباں

شاد و ناسخ کی یہ انجمن دوستو
میر و غالب کا تازہ چمن دوستو
مئے اچھوتی سبو ہے کہن دوستو
ٹوٹ جائے نہ یہ ساغرِ زرفشاں
ہے یہ ہندوستاں کی مقدس زباں

عظمتِ موجِ گنگ و جمن ہے یہی
صنفِ نازک کا رنگِ سخن ہے یہی
برگِ گُل پر تھرکتی کرن ہے یہی
چاندنی، پھول، بادہ، صبا، کہکشاں
ہے یہ ہندوستاں کی مقدس زباں

پھول سی یہ زباں بن گئی جب دُلہن
پڑ گئی کیوں کسی کی جبیں پر شکن
دُور ہیں منزلیں راہ میں راہزن
ہر نظر جستجو ہر قدم امتحاں
ہے یہ ہندوستاں کی مقدس زباں

بزم کی آبرو شمع کی روشنی
لوک گیتوں سے ظاہر ہوئی دلکشی
پنگھٹوں کو مدھر دل رُبا راگنی
شورِ نغمہ میں پنہاں بھی ہے فغاں
ہے یہ ہندوستاں کی مقدس زباں

اے حسیں سرزمیں

کروٹیں وقت کی وہ زمانے ترے
فصلِ گُل نے سُنائے فسانے ترے
ننھی کلیوں کے لب پر ترانے ترے
ندیوں میں تری لذّتِ انگبیں
اے حسیں سرزمیں

نیلگوں چرخ پر جھلملاتے دیئے
تیرگی میں کرن روشنی کی لیئے
نکہت و نُور ہیں تجھ پہ سایہ کیئے
دلکش و دِل رُبا ماہ وش دِلنشیں
اے حسیں سرزمیں

ابنِ آدم ہی خالق ہے معمار ہے
گود کا تیری پَروردہ فنکار ہے
تاج تیری ہی عظمت کا شہکار ہے
چاند جس پہ تصدق ہو وہ نازنیں
اے حسیں سرزمیں

صَف بہ صَف گُلرخوں کا حسیں کارواں
بھیگی پلکوں میں ہے دَرد کی داستاں
فصلِ گُل راہ میں رُک گئی ہے کہاں
بزمِ عشرت میں کیوں آج رونق نہیں
اے حسیں سرزمیں

ہاں یہ سچ ہے گھری زرد خطروں میں تو
کس کی ہمت جو لوٹے تری آبرو
تیرے بیٹے ہیں اب سر بکف شعلہ خُو
جن کے سینوں میں ہے عظمتوں کا یقیں
اے حسیں سرزمیں